◎高等学校德育选修教材

心理健康与脑智发展

MENTAL HEALTH AND BRAIN INTELLIGENCE DEVELOPMENT

许慧　李保明/主编

河南大学出版社
HENAN UNIVERSITY PRESS
·郑州·

图书在版编目（CIP）数据

心理健康与脑智发展/许慧，李保明主编．——郑州：河南大学出版社，2023.8

ISBN 978-7-5649-5582-3

Ⅰ.①心… Ⅱ.①许… ②李… Ⅲ.①心理健康—健康教育—职业教育—教材 Ⅳ.① G444

中国国家版本馆 CIP 数据核字（2023）第 157942 号

心理健康与脑智发展
XINLI JIANKANG YU NAOZHI FAZHAN

责任编辑	林方丽	韩　璐	
责任校对	张雪彩		
装帧设计	丁中华	郭　灿	

出　版	河南大学出版社		
	地址：郑州市郑东新区商务外环中华大厦 2401 号　邮编：450046		
	电话：0371-86059701（营销部）　　　　网址：hupress.henu.edu.cn		
排　版	郑州市今日文教印制有限公司		
印　刷	广东虎彩云印刷有限公司		
版　次	2023 年 8 月第 1 版	印　次	2023 年 8 月第 1 次印刷
开　本	787 mm×1092 mm　1/16	印　张	12.75
字　数	208 千字	定　价	40.00 元

（本书如有印装质量问题，请与河南大学出版社营销部联系调换。）

编审人员

主　编： 许　慧　李保明

副主编： 张　驰　张　妍　高亚菲　郑治安　任晓林

编　委： 徐　宏　刘　好　付巧云　王丽敏　胡桂兰　余　悦　韩志娟　孙亚灵
　　　　　陈　力　赵鹏举　夏　华　黄宏伟　李　伟　张　宁　王　威　郑　乐
　　　　　满　越　安　康　许欣然　宋艳美　王雪枫

插图/配文： 屠胜楠　高亚菲

主　审： 徐　宏

编写说明

习近平总书记在党的十九大报告中明确提出,要加强社会心理服务体系建设,培育自尊自信、理性平和、积极向上的社会心态,党的十九届四中全会明确提出,要加强和改进学校思想政治教育,建立全员、全程、全方位育人体制机制。

《心理健康与脑智发展》紧紧围绕教育部新课标的培养目标,着眼于学生素质的全面提高。该教材所涉及的内容,既有心理健康方面的传统知识,也有脑科学方面的新理念和新技术,特别是在心理健康、脑智发展及其关系问题上,都融入了一些新的研究成果,是学科融合在教材编写中的创新尝试。

认识脑是发展类脑人工智能技术的重要基础。

本教材旨在让普通初中、高中和中职、高职院校的学生既学习心理学方面的知识,又了解到非常前沿的脑科学,认知大脑与心理、行为的关联,认知脑科学是人工智能技术的基础,探寻大脑意识的密码和心理、行为的生理源泉,为将来走向社会,在工作岗位上更好地掌握、运用人工智能技术,成为"应知""应会"的技能型人才做好准备。本教材也是教育在培养"应知""应会"人工智能技术的技能型人才,培养学生做到"学到知识、提高认识、更新观念、增长才干"教学理念方面的探索。

该教材内容丰富,学科融合,图文并茂,理论案例(所选案例中的人名部分为化名)相结合,对提高学生的心理健康水平、职业心理素质及崇尚科学、探索奥秘的科学素养具有创建性意义,可作为普通初中、高中和中职、高职学生及社会相关工作者的参考用书,相信会使他们非常受益。

本教材的编写由郑大人工智能与脑科学应用研究院牵头,成立多学科专家、教授组成的教材编写小组,还得到了许多活跃在教学一线的大中专学校和初高中学校心理老师、心理咨询一线的专业心理咨询师及技术工程师们(编写成员)的支持,在此特别向他们致谢!

参编单位

郑州大学教育学院

郑州大学基础医学院

河南省家庭教育指导中心

华中科技大学教育科学研究院

郑州大学第五附属医院心理医学科

郑州大学第五附属医院儿童自闭症康复医学中心

河南省家庭教育学会

郑州市心理学会

江苏大学管理学院

河南对外经济贸易职业学院电子商务学院

河南省妇女儿童发展中心

郑大人工智能与脑科学应用研究院

前　言

　　为了深入学习贯彻党的二十大精神和推动职业教育高质量发展，持续培养更高素质的技术技能人才、能工巧匠和大国工匠，我们组织了一批心理学、脑科学、医学、人工智能、家庭教育等学科领域的专家编写了这本德育课选修教材。

　　教材内容分为五篇十单元三十课，是按照职业教育规律从理论到实践、一般到特殊，由浅入深、循序渐进地展开的。所有内容既有相关传统知识，也有一些比较新的理念和新的技术，特别是在心理健康、脑智发展及其关系问题上，都植入了一些新的研究成果。例如：在脑智发展方面，就更多地采纳了人脑细胞神经理论、人脑分区理论、脑电脑象分析理论等方面的新知识，使学生可以得到五个方面的收获：(1)通过学习脑科学基础知识，懂得思维和意识产生的生理原理；(2)通过学会应用脑象测评技术、解读心理量表等科学方法了解自我，找出自己行为表现优缺点的生理源头；(3)根据脑电生理功能区的优势和弱势，学会自我扬长避短，发扬优势，解除面临的各种心理困扰，纠正某些不良行为表现；(4)通过塑造大脑和提高脑智，自觉增强学习意识，提高学习兴趣，掌握科学的学习方法，提高学习效果；(5)提高全体学生的心理健康水平和职业心理素质。

　　为了提升本教材的使用效果，我们还坚持了五条编写原则：(1)坚决贯彻落实党和政府有关大政方针政策。认真学习党的二十大精神，依据《中华人民共和国教育法》和《中华人民共和国职业教育法》，中共中央、国务院 2019 年 10 月印发的《新时代公民道德建设实施纲要》以及系列文件，《教育部等十七部门关于印发＜全面加强和改进新时代学生心理健康工作专项行动计划(2023—2025 年)＞的通知》，《中华人民共和国家庭教育促进法》，《教育部等十三部门关于健全学校家庭社会协同育人机制的意见》，《教育部关于印发中等职业学校德育课课程教学大纲的通知》，特别是其中的"心理健康教学大纲"等，河南省委、省政府《关于加强和改进新形势下高校思想政治工作的实施意见》(作为参考)，推进家校社协同育人，构建全员全过程全方位育人格局，建立全环境

心理健康与脑智发展

立德树人工作协调机制，协同有关方面优化学校环境、家庭环境、社会环境、网络环境、心理健康环境，形成各级各部门各单位共同参与的全环境立德树人工作格局。(2)针对性要强。在内容选择和语言表达上要充分考虑高职学生的文化起点，尽量达到通俗易懂。(3)注意提高实用性。新的《中华人民共和国职业教育法》虽然把职教和普教模式拉平，强调必要的理论教育成分不能少，但是职教毕竟是一种职业教育，在"应知"学习的基础上要更多地学习"应会"的科学技术。所以，我们要求学生做到"学到知识、提高认识、更新观念、增长才干"。(4)使得教学内容能够更多地配合一些现代教学方式，如案例式、问卷式、图表式、思维导图式、行动导向式、头脑风暴式、研讨式、传媒式等。(5)强化学生潜能培养。市场经济和现代企业在选择人才时看中的不只是学生拥有的各种证书，更有个人心理健康素质、基本专业知识和技能以及职业精神等。

本教材可作为中小学、高职和本科学生，心理教育、家庭教育指导师及社会相关工作者的教材和参考用书，也是河南省家庭教育指导中心家教社共育培训的第一本指定教材。

由于该教材涉及面比较广，渗透相关学科较多，而且多半都是科技前沿的内容，加之我们掌握的知识有限，所以，教材中的错误和不够严谨之处在所难免，敬请广大读者批评指正。同时，我们也接受来自各方的意见和建议。

李保明

2023 年 8 月

目 录

第一篇　知识篇 ··· 1

第一单元　心理健康与我 ··· 3
第一课　心理健康与幸福指数 ·· 3
第二课　构建身心健康的自己 ·· 10
第三课　脑功能对心理健康的影响 ··· 16

第二单元　脑功能基础知识 ·· 21
第四课　思维的产生 ··· 21
第五课　大脑功能区划分与脑象测评 ·· 27
第六课　各脑区功能与行为的相关性简述 ······································· 33
第七课　了解自我，成就人生 ·· 39

第二篇　成长篇 ··· 45

第三单元　认知自我 ·· 47
第八课　我是"谁" ··· 47
第九课　梦想与现实 ··· 52
第十课　阳光总在风雨后 ·· 57

第四单元　成长的烦恼 ··· 63
第十一课　敏感的性心理话题 ·· 63
第十二课　情绪管理 ··· 67

第十三课　向快乐与幸福出发……………………………………… 75

第三篇　生活篇　79

第五单元　家庭中的我　81

　　第十四课　父爱母爱亲情多样化……………………………………… 81
　　第十五课　家庭的和谐幸福与你相关…………………………………… 86
　　第十六课　心怀感恩之心……………………………………………… 91

第六单元　社会、学校中的我　96

　　第十七课　同学是一笔财富…………………………………………… 96
　　第十八课　老师是教授知识的人……………………………………… 102
　　第十九课　筑起心灵的防护墙………………………………………… 108

第四篇　学习篇　115

第七单元　学会有效学习　117

　　第二十课　学习是在构建自己的脑…………………………………… 117
　　第二十一课　盘点自己的学习能力…………………………………… 123
　　第二十二课　激发学习兴趣和动力…………………………………… 128

第八单元　学会管理自己　134

　　第二十三课　时间管理………………………………………………… 134
　　第二十四课　压力管理………………………………………………… 140

第五篇　生涯规划篇　147

第九单元　职业心理　149

　　第二十五课　天生我材必有用………………………………………… 149

第二十六课　职业理想与职业道德 …………………………… 155
　　第二十七课　提升职业心理素质 ………………………………… 160

第十单元　职业适应 …………………………………………………… 165
　　第二十八课　喜欢自己的角色 …………………………………… 165
　　第二十九课　创业需要强大的心理素质 ………………………… 170
　　第三十课　创新、创业的动力 …………………………………… 177

附录：脑象测评原理 ……………………………………………… 182

参考文献 …………………………………………………………… 190

ID# 第一单元 心理健康与我

第一课 心理健康与幸福指数

中学到大学阶段的学生正处在人生重要的成长和成熟阶段,世界观、人生观、价值观都会在这些阶段逐步形成。现实中他们难免会在成长、学习和生活的方方面面产生自我意识及人际交往、求职就业等各种各样的心理困惑或问题。

心理是脑的机能,脑是心理的器官。人的心理是客观现实在大脑中的主观映像。人的心理现象是由大脑实现的,是社会的产物。大脑是心理的生理基础。要学会科学地、客观地、勇敢地面对现实、适应现实,正确协调自己和环境的关系,充分了解自己,愉快地接纳自己,构建心理健康的自己,成就自己的幸福人生。

青少年阶段是人生的"拔节孕穗期",这一时期心智逐渐健全,思维进入最活跃状态,最需要精心引导和栽培。

——习近平

"心理健康"是一个能够体现我们生存质量的概念,它与我们的幸福感有非常密切的关系。心理健康从广义上讲,主要是指一种满意以及持续高效的心理状态,从狭义上讲,主要是指知、情、意以及行为等四个方面的相互统一,人格协调,以及具有平衡矛盾、适应社会的能力等。

幸福是一种感觉,它不但取决于人们的生活状态,还取决于人的心态。幸福的特征就是心灵的平静、满足,所谓"知足者常乐"就是这个道理。

一个心理健康的人也会有健全的人格。心理健康的人才会有很强烈的幸福感。心理健康和幸福感有很大的关系。这两种关系相辅相成,只有拥有健康的情绪才能体会到生活的幸福,一个人生活得幸福肯定会有健康的情绪,健康情绪建立在幸福感之上,而幸福感又影响着一个人的健康情绪。

资料卡片一

幸福是一种个人的能力

幸福不幸福,归根到底是一个人的能力问题。这种能力就像做数学题或者烹饪一道菜一样,我们可以通过学习来加以掌握,可以通过操练而有所提升,而且就像其他能力一样,你一旦学会了幸福这种能力,它将追随你一生,不论顺境或逆境,让你始终都有办法找到自己内心的平静与光明。

幸福的内涵,不同的人会有不同的解释,而正确的理解应该是幸福是源于自己对生活的一种内在满足。幸福不仅在于物质的丰裕,更在于心灵的充实。

幸福是一种需要培养的能力,只有开始感到幸福,做起事情来有激情,有动力,才能创造更大的幸福,形成一个增强回路。能够让自己幸福非常重要,这就需要对自己有信心,知足常乐,拥有一颗感恩的心,这样才能更容易感知到幸福。

幸福划分为四个维度:满足、快乐、投入、意义。你拥有很多东西,满足了自我,你就幸福了;而快乐来自外界的刺激,是外界对感官的刺激带给你的享受;当你全身心地投入一项事业,进而产生"心流",感受到内心的激情,就会将其视为幸福;当你做的事情极其有意义,或帮助了别人,或实现了目标,或达到了自我实现,就达到了幸福的最终状态。

幸福感,固然与外界的种种环境相关,与人生处境的起伏相关,但幸福感归根到底的取决因素是什么?是"心"!所以幸福感归根到底取决于一个人的心境和心态，取决于一个人的内心力量，所以幸福归根到底是人的一种能力。

每个人都有自尊心，但人与人相处时难免会产生矛盾，因此要经历生活的磨炼，"宝剑锋从磨砺出，梅花香自苦寒来"；遇事不拘小节，不要耿耿于怀，"宰相肚里能撑船"；不要生闷气，以免影响自己的身体健康，也不要因为小事走极端，要学会释怀，学会用语言来表达自己的心情。保持健康乐观的心态，才能体会幸福生活的快乐。

资料卡片二

小于刚入校时做过脑象测评，其数据引起了心理老师的注意。报告显示，他很敏感，非常在意别人对他的评价，几个脑功能区都相对比较弱。老师也发现他学习没有动力，平时在处理问题和人际交往时存在一些障碍。他自己也经常感到懊恼、自卑、压抑，感到生活了无生趣。

经过心理老师的正确引导，他认识到自己过去太在意别人的看法，致使自己不自信，从而出现了一些心理问题。作为一名学生，要知道现在的学习是为将来的生活打基础，要努力把学习搞好，走自己的路，做自己的事，把握自己的人生方向。

通过脑象测评，他学会了放下别人对他的看法，静下心来努力学习。在学习方面，过去他阅读比较少，所以视觉学习能力比较弱，而且专注力不强，现在他找到了适合自己的学习方法，养成了良好的学习习惯，学习成绩有了很大提高。

现在的他积极参加学校举办的活动，乐于帮助别人，和同学相处融洽，老师和同学们对他的看法也转变了很多，他脸上的笑容也越来越灿烂了。

一年后，第二次脑象测评，他的各脑区都更加均衡，整体得到了改善。现在他积极向上，自信快乐，对学习和生活很满意，对今后的生活也充满了向往。

衡量学生心理健康的基本标准：

(1) 智力正常。智力是指一个人认识能力与活动能力所能达到的水平，是人的观察力、注意力、记忆力、想象力、思维力、创造力和实践活动能力等的总合，是衡量一个人心理健康状况的首要标准。

(2)情绪健康。它的主要标志是情绪稳定和心情愉快,对环境的适应能力强。

(3)意志健全。在困难和挫折面前能采取合理的反应方式,能在行动中控制情绪和言行,而不是顽固执拗、言行冲动、行动盲目、轻率鲁莽,或者害怕困难、意志薄弱、优柔寡断。

(4)人格完整。这主要表现在个人的所想、所说、所做是协调一致的;人际关系和谐,对人真诚,为人善良;以国家和集体利益为重,乐于奉献,不自私自利。

(5)自我评价正确。对自己的优点感到欣慰,但又不至于狂妄自大;对自己的弱点既不回避,也不自暴自弃,而是善于正确地接受自我。

幸福感主要是一种心理体验,是外在的事物在心理上引起的反应。引导学生对"幸福"树立正确的判断标准,对于学生形成健康的心理非常重要。当学生以正确的价值观来判断是非,确定自己的幸福观的时候,学生的心理是处于一种健康状态的。

具有主观幸福感的人有五项共同点:

(1)积极向上的世界观、人生观、价值观。

(2)高自尊。幸福的人都懂得欣赏自己、悦纳自己,认为自己有不同于其他人的地方,并肯定自己的优点。

(3)强烈的控制感。幸福感强的人能很好地控制生活事件。

(4)乐观。幸福感强的人能从积极的角度理解问题,乐观能使他们持之以恒,并最终取得一定的成就。

(5)社会支持良好。幸福感强的人有自己的朋友圈子,有较强的社会支持。

 课堂活动

1. 结合下面的调查问卷,通过你的调查结果,浅谈你认为什么是幸福。

① 你对学校的感受如何?

对学校环境的幸福感受为:

很好:(例如校园绿化好,卫生整洁……)

较好:(例如教室拥挤……)

一般:(例如卫生脏乱差……)

② 对校园管理的幸福感受为:

很好:(例如学校氛围严肃又活泼……)

较好:(例如学校氛围严肃,缺少活泼……)

一般:(例如制度死板……)

③ 对老师的感受为:

很好:(例如我特别喜欢×××老师,因为……)

较好:(例如我对每个老师的感受都差不多……)

一般:(例如我特别不喜欢×××老师,因为……)

④ 对所学专业的感受为:

很好:(例如我非常喜欢我的专业,因为……)

较好:(例如我比较喜欢我的专业,因为……)

一般:(例如我不喜欢我的专业,因为……)

⑤ 对学习氛围的感受为:

很好:(例如探讨学习问题的比较多……)

较好:(例如逃课的同学少……)

一般:(例如课堂纪律比较乱……)

⑥ 对体育活动的感受为:

很好:(例如学校重视体育课……)

较好:(例如体育课安排合理……)

一般:(例如体育课常常被挤占……)

⑦ 对学校食堂的感受为:

很好:(例如饭菜干净可口……)

较好:(例如饭菜经济实惠……)

一般:(例如食堂环境脏……)

⑧ 对宿舍的感受为:

很好:(例如有空调……)

较好:(例如干净整洁……)

一般:(例如没有独立卫生间……)

⑨ 和同学之间的关系感受为:

很好:(例如能和大多数同学友善相处并有知心朋友……)

较好:(例如能和同学正常交往……)

一般:(例如和同学的交往很少……)

⑩ 课余时间你会做什么？（例如运动……）

2. 生活中的我：

① 你喜欢你的家吗？

② 你的妈妈有哪些优缺点？

③ 你的爸爸有哪些优缺点？

④ 当父母有冲突时,你会怎么做？

⑤ 你认为你的优点有哪些？

⑥ 你认为你的缺点有哪些？

⑦ 你最好的朋友有哪些优缺点？

⑧ 你最幸福快乐的一件事是什么？

⑨ 当你悲伤失望时你会怎么做？

⑩ 当你的朋友处于逆境中,你会如何帮助他？

探究与体验

根据上面两个问卷,结合你的自身情况,思考一下：

自己是否符合心理健康的基本标准,需要做哪些调整？

 心理家园

幸福是人的一种感受

> 幸福是一种个人的心理感受,你是怎么认为的?具体说一说。

> 三年来新冠疫情在全球造成的死亡人数触目惊心,中国新冠疫情死亡人数最少,党中央领导中国人民抗疫,保护着普通老百姓的生命安全,身为一个中国人,我感觉很幸福。

> 我们走在校园里,迎着朝阳,踩着树林中碎金一样的光斑。在书声琅琅的校园里,我就特别有幸福的感觉。

> 昨晚我做了个梦,梦到我到了咱们中国的天宫空间站,看到美丽的地球,我一兴奋梦就醒了,可那种幸福的感觉真的是妙不可言。

> 俩室友闹别扭了,我当和事佬,化解他们的矛盾,我很高兴,因为我感受到了帮助别人的幸福。

> 昨天的作业有道难题,我认真思考,独立解决了,我从中体验到了战胜困难的那种幸福。

第二课　构建身心健康的自己

　　身心健康是指健康的身体和愉快正常的心态。健康不仅是指身体上没有任何疾病,还要能够正确地了解和接纳自我,能正确地感知现实并适应现实,有良好的适应能力及良好的人际关系。

　　心理健康和身体健康一直以来都是人们关注的重要话题。过去,人们更多地关注身体健康,而心理健康则常常被忽视或被认为不那么重要。然而,随着科学研究的不断进展,越来越多的证据表明,心理健康和身体健康是息息相关的,它们之间的关系就像鱼和水的关系一样密不可分,因为鱼要生活在水中才能活下去。生命是由人的精神健康和身体健康共同来维持的,身体是产生精神活动的基础,但是精神活动健康也能指导身体,是让身体有良好状态的支持条件。总之,心理健康与身体健康之间存在着紧密的联系,二者相互作用、相互影响。

　　早在 2000 年前,我国古代医学家们就发现了人的情绪与健康有着千丝万缕的联系,并且总结出了"七情过度百病生"的说法,即:喜伤心,怒伤肝,忧伤肺,思伤脾,恐伤肾。

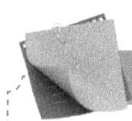　**资料卡片一**

　　晓琳是职业学校一年级的学生,平时在家情绪较好,饮食正常。而到了学校后,她情绪状态就较低落,经常一吃饭就呕吐。父母带着晓琳到过省内外的大小医院,检查不出什么大毛病,只有省人民医院的医生诊断说晓琳患了浅表性胃炎。

　　后来,通过老师推荐晓琳做了脑象测评,结果显示她异向思维很高,心思特别细腻,情绪感知过于敏感,考虑问题比较偏激,一些常人看来比较正常的现象她就接受不了。

　　结合晓琳的脑象测评数据和她的身体情况,测评师发现晓琳的呕吐是属于心理原因引起的呕吐。

晓琳的父亲工作忙，压力大，经常喝酒应酬，有一次回家耍酒疯，一巴掌把晓琳打到了门外边。因此晓琳特别怨恨父亲，常常和父亲对着干。

晓琳的班主任对学生要求特别严格，每次班主任当着学生们的面批评她，晓琳就联想到父亲，开始头晕恶心想呕吐，时间长了，就演变成只要进了学校，胃里就不能有东西。

心理老师参照脑象测评结果，扬长避短，利用她异向思维高、细心等的突出优点，让她虚心向同学学习长处，弥补自己的短处，特别是看问题比较偏激的问题，为晓琳做了心理疏导，引导她正确理解老师的管教，正确对待身边的人和事，也教给晓琳一些疏导不良情绪的方法。经过几次心理治疗，晓琳的症状有所缓解。

人类已经跨入了21世纪。做一个身心健康的人，是人类发展自身、完善自身的美好愿望与追求。只有心理健康，才能保持身体健康，才能少生病或不生病。

资料卡片二

世界卫生组织(WHO)规定的人体健康状况的十条新标准：

1. 有足够充沛的精力，能从容不迫地应对日常生活和工作的压力，而不感到过分紧张疲劳；

2. 处事乐观，态度积极，乐于承担责任；

3. 善于休息，睡眠好；

4. 应变能力强，能适应环境的各种变化；

5. 能够抵抗一般性感冒和传染病；

6. 体重适当，身材匀称，站立时头、臂、肩、背位置协调；

7. 眼睛明亮，反应敏捷，无眼疾；

8. 牙齿清洁，无空洞，无痛感，齿龈颜色正常，无出血现象；

9. 头发有光泽、无头屑；

10. 肌肉丰满，皮肤有弹性。

心理健康与脑智发展

青少年获得身心健康的基本要素：

(1)合理的营养：营养已经成为人类生活的重要内容,饮食可以在改善智能方面发挥重要作用,均衡科学的营养结构可促进青少年身心正常发育。

(2)积极健身锻炼：体育锻炼和我们的智能发展关系紧密。身体活动时,各种动作直接受大脑神经系统的支配和调节,同时肌肉中的神经可将各种刺激传到大脑。适度的运动可使大脑反应更加灵敏,增加脑的血流量,从而供给脑细胞更多的空气和养料,促进大脑功能的发展。

(3)良好的生活习惯：良好的生活习惯能改变我们的人生,一旦养成,便可终身受益。

(4)科学调心健脑：心理与脑的活动密切相关,科学用脑,有张有弛,使大脑的工作有规律。加强自我心理调节,培养自我调节能力,保持乐观的情绪和良好的心境。

世界卫生组织提出的身心健康新标准如下：

(1)机体健康"五快"：

快食、快眠、快便、快语、快行。

(2)精神健康"三良好"：

①良好的个人性格：情绪稳定,性格温和,意志坚强,感情丰富,胸怀坦荡,豁达乐观。

②良好的处世能力：观察问题客观现实,具有较好的自控能力,能适应复杂的社会环境。

③良好的人际关系：助人为乐,与人为善,对人际关系充满热情。

 课堂活动

1.如果你是晓琳,你会如何面对和解决这些问题？
2.如果晓琳是你的好朋友,你将会怎样帮助晓琳？你会对她说些什么？

探究与体验

1. 你有过或大或小的疾病吗？如果有，你认为引起疾病的心理原因是什么？

2. 身心健康调查问卷：

(1) 你经常吃早餐吗？

　　□经常　　□偶尔　　□从不

(2) 你是否经常发脾气？

　　□是　　□偶尔　　□从不

(3) 你每天参加体育锻炼的时间：

　　□1小时以上　　□半小时左右　　□小于半小时

(4) 你是否挑食？

　　□是　　□偶尔　　□从不

(5) 你认为自己与人相处的能力如何？

　　□非常好，交友满天下　　　　□有很多朋友，但没几个知心朋友

　　□朋友不需多，有几个知心的就行　　□不善交际，没什么朋友

(6) 你认为现在自己的心理状况如何？

　　□很健康　　□比较健康　　□不健康　　□没有想过

(7) 你对自己的未来有一个明确的规划，并且相信自己一定会实现吗？

　　□是，我的职业、人生规划都很明确

　　□不，我对自己的未来很迷茫

　　□只有大概规划，没有信心可以实现

(8) 当自己或别人遇到心理问题时，不去进行心理咨询的原因你认为是什么？（多选题）

　　□觉得能自己解决问题　　□觉得心理咨询没有用　　□没有时间

　　□介意外界的看法　　□不知道有这方面的咨询

　　□心理问题属于个人隐私，不愿外人知道

(9) 如果遇到烦恼的事，你会怎么做？（多选题）

　　□找老师或家长诉说　　□向知心朋友诉说　　□做运动

　　□听音乐　　□写日记　　□请教心理咨询师

(10) 你是否吸烟？

☐ 经常　　　☐ 偶尔　　　☐ 从不

(11) 你对健康的态度：

☐ 非常关注　☐ 偶尔关注　☐ 从不关注

(12) 你是否接受过心理咨询或治疗？

☐ 是　　　☐ 否

(13) 你觉得自己的压力主要来自哪些方面？（多选题）

☐ 学业　　☐ 社团工作　　☐ 爱情　　☐ 家庭期望较高

☐ 对未来就业的担心或正面临就业难题　　☐ 其他

(14) 你认为现在自己的身体状况如何？

☐ 健康　　☐ 很健康　　☐ 亚健康　　☐ 不关注

(15) 你出现过下列哪些紧张的表现？（多选题）

☐ 每当考试或被提问时会出汗　☐ 看见不熟悉的人会手足无措

☐ 心里紧张时，头脑会不清醒　☐ 都没有出现过或者是其他情况

(16) 你过去一段时间感到疲劳的程度如何？

☐ 无疲劳　　☐ 稍微疲劳　　☐ 非常疲劳

(17) 你是否经常追悔自己做过的事，有负疚感？

☐ 是　　　☐ 偶尔　　　☐ 从不

(18) 你认为自己的性格是：

☐ 外向　　☐ 内向　　☐ 介于两者之间

(19) 你的作息时间是否规律？

☐ 是　　　☐ 偶尔　　　☐ 从不

(20) 你是否容易生病？

☐ 经常　　☐ 偶尔　　☐ 从不

(21) 你的业余爱好是什么？

☐ 看书　　☐ 做运动　　☐ 听音乐

(22) 你每天的睡眠时间：

☐ 不足6小时　☐ 7~8小时　☐ 9~10小时　☐ 10小时以上

(23) 同一年前比，你的体重：

□增加　　　□基本不变　　□减少
(24) 你是否饮酒?
　　□经常　　　□偶尔　　　□从不
(25) 你是否会暴饮暴食?
　　□是　　　　□偶尔　　　□从不
(26) 你的身份是什么?
　　□社团成员　□学生干部　□普通学生

心理家园

　　一个人心中有多少感恩,就有多少福;一个人心中有多少抱怨,就会有多少苦,要相信任何事情的发生都有其原因,并有助于你,相信一切都是最好的安排!相信所有事情的发生都是来帮助你实现目标和梦想的,要么为了考验你,要么为了成就你。心存感恩,才会获得源源不断的能量!

　　每个人都要有点冲动和热血,喜欢就追,想就去做,不管成功或失败。要对得起那份心动,不辜负每一个当下。

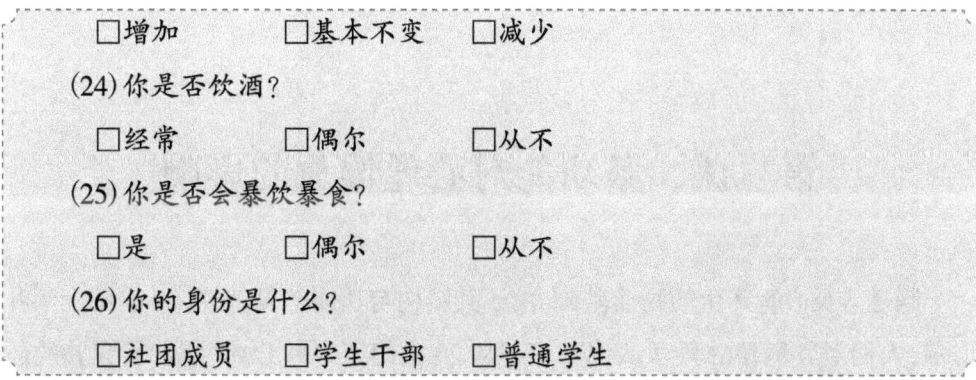

做一个向日葵族,用心收集阳光,抛去一切杂念,不计较,不比较,努力生长。要对得起那份心动,不辜负每一个当下。

任时光流逝,以无所事事来消磨时间,或沉迷于网络游戏,麻醉自己,只能一事无成。我们要像那落叶一样,活着的时候,敢于迎接暴雨,敢于挑战狂风,敢于把生命放在生活的浪尖上,绽放绚烂的花朵。

第三课　脑功能对心理健康的影响

脑是人类心智产生的物质基础,由于其结构与功能的复杂性,20世纪上半叶以前,人们对其奥秘的科学认识不多。从20世纪下半叶开始,随着研究脑的新技术和新方法的不断出现,人们对脑的结构、功能逐渐有了新的认识。

资料卡片一

青少年期大脑的发育

每个时代,成年人都会注意到十几岁的青少年突然开始思考一些假设性的问题,开始认真考虑诸如真理和正义这样抽象的问题。思维方面的这些变化是否与此后的大脑发展有关呢?

许多研究者认为事实确实如此。例如,一直持续到青少年期的高级大脑中枢的髓鞘化,可能不仅提高了青少年注意的广度,而且可以解释为什么青少年的信息加工速度快于学龄期的儿童。另外,我们现在知道在青少年期以后大脑仍然保持了一定的可塑性,参与高级认知活动(如制订高水平的策略性计划)的前额叶神经回路至少到20岁时还能进行重新建构。而且,大脑容积在青少年早期到青少年中期一直持续增长,到了晚期,则开始减少,这种变化意味着青春期的认知重组可能涉及突触修剪。所以虽然青少年期的大脑变化在剧烈程度上比不上生命早期的变化,但只有当青少年的大脑经历了重组和精细调整以后,他们所表现出的认知方面的进步才成为可能。

大脑是完成心理活动的物质基础,因为所有的想法都是通过大脑的功能完成的,只有大脑可以产生意识,产生心理活动,所以人的心理活动离不开脑。

心理活动是脑的机能之一,脑是心理活动的主要器官。人的思维、感觉、语言和行为都是由大脑中枢神经控制的,人的行为都是由中枢神经发出的指令。

行为由个人思想和欲望决定,行为的产生受意识的影响,意识又影响着个人的行为。

心理是看不见摸不着的精神世界,行为是看得见摸得着的物质世界,连接这两者的桥梁就是大脑。

大脑具有可塑性。行为由心理产生,行为作用的过程和结果又被大脑感知,影响到了心理,从而又重新塑造了大脑。被重塑过的大脑在加工心理过程的时候,自然和之前有所不同。只是有时候这种重塑非常微弱,不容易被察觉。但是在长期行为的影响下,这种对心理各个层面及大脑的神经网络连接的影响几乎是无法避免的。

所以,大脑是连接行为与心理的"桥梁",大脑又与行为和心理两方面存在相互作用,因此大脑、行为和心理三者之间就存在着相互影响关系。

资料卡片二

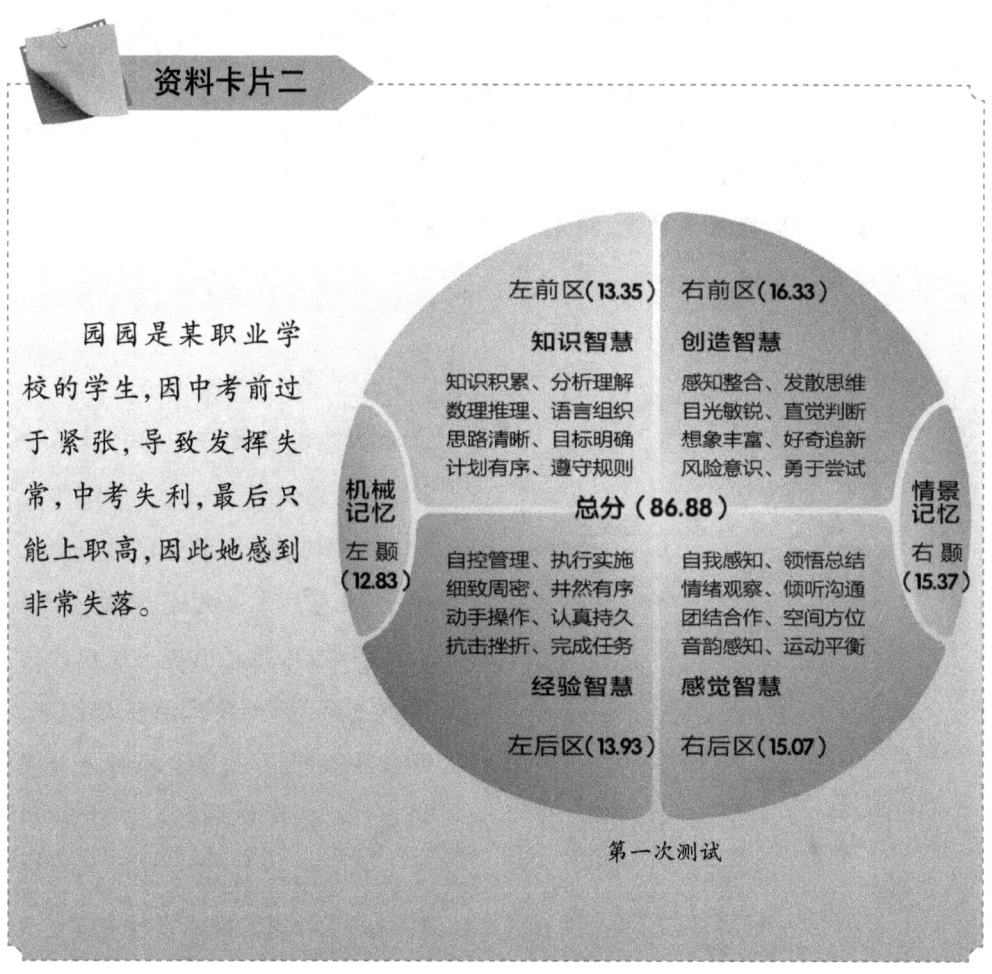

园园是某职业学校的学生,因中考前过于紧张,导致发挥失常,中考失利,最后只能上职高,因此她感到非常失落。

第一次测试

心理健康与脑智发展

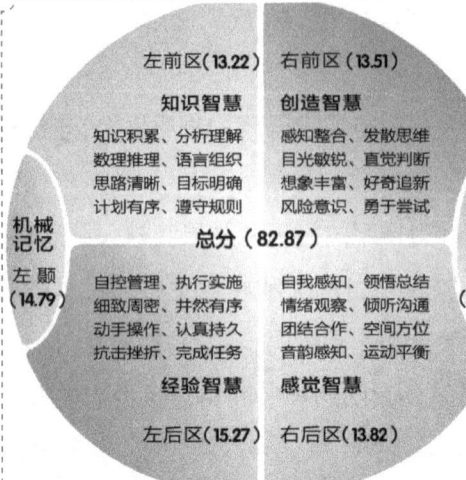

第二次测试

园园原本是一个快乐活泼的女孩,但当她看到初中的同学们都高高兴兴地进入了普通高中学习,想到自己前途渺茫,就开始自暴自弃,上课不注意听讲,甚至逃课,整夜玩手机,不愿意见人,周末不回家。家长很焦虑,但只会粗暴处理,因此园园也越发消沉。

她在初三时做过一次脑象测评,脑力指数很高,脑功能区均衡度也好。出现心理问题后,又连续做了三次脑象测评,脑力指数一次比一次低。经心理医生诊断,她患上了中重度抑郁症。

从这个例子可以看出,园园原

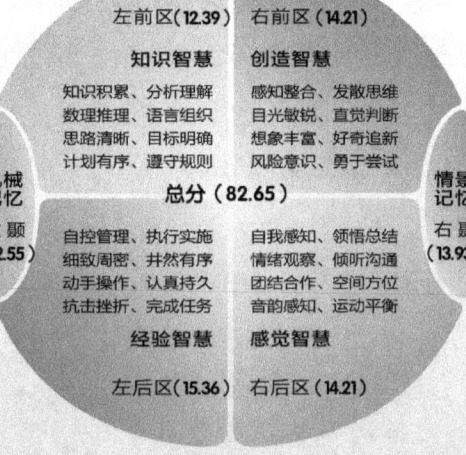

第三次测试

本脑力基础非常好。那时的她好学上进、活泼开朗,是一个很阳光的女孩。但是,中考失误对她打击很大,她感到十分失落、难过。

中考后,她对上普通高中的同学很羡慕,加上父母的粗暴处理,导致她心理抑郁,不能很好地处理问题。心理问题产生之后,又引起了大脑功能的变化,大脑功能变化又加剧了心理问题的严重程度。

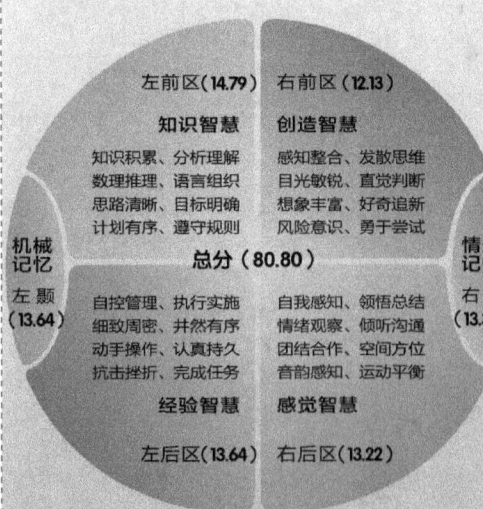

第四次测试

- 18 -

上述案例证实:大脑是心理的物质基础,心理是脑的机能,指挥着人的思维、感觉、行为,行为又会被大脑的信号所吸收,影响大脑的神经网络连接,使大脑功能发生变化。

关注健康从"头"开始:

人脑是人体内最复杂的器官,也是人体的最高级指挥中心,它24小时不停工作,保证身体各项机能正常运行。脑健康是一个动态平衡过程,是一个相对稳定状态。脑健康是身体健康及精神、心理健康的关键一环,一旦出现问题,人的正常生理机能就会失控,甚至危及生命。

课堂活动

1. 课堂展示脑象测评过程,了解自己的脑功能区。
2. 你了解的自己和脑象测评的结果一致吗?

探究与体验

1. 导致园园产生心理问题的因素有哪些?
2. 通过脑象测评,根据自己的行为表现,评价自己的脑优势。

心理健康与脑智发展

 科普园

身体的不适与不良情绪相关

我可能因为熬夜玩游戏,睡觉时游戏人物还在脑海中,怎么也睡不着,心里很烦,第二天无精打采。

我是急脾气,一着急生气就上火,嘴上就起泡。

我时常情绪不稳定,容易悲伤,以后要学会调整,通过今天的课,我知道了该怎样调整自己,尽可能让自己符合身心健康的条件。

我也是,打游戏时间长,眼睛酸胀、红肿,视力下降更严重了。

保证合理的营养,不挑食,不偏食。多运动健身,躯体四肢协调。早睡早起,养成良好的生活习惯。保持心理平衡,学会倾听,调控情绪,社会环境适应能力强。科学用脑、健脑,保持头脑清醒、思维敏捷。

第二单元　脑功能基础知识

第四课　思维的产生

人类不同于其他动物的主要标志,除了人会使用工具,还有就是人具有意识和思维。大脑支配人的一切生命活动,调节消化、呼吸、循环、泌尿、生殖、运动等神经中枢,也是一切思维活动的物质基础。因为大脑,人类才有思维记忆、学习获得、认识理解、判断推理、综合分析、语言表达、社会活动等能力。所以说,大脑是意识的物质基础,意识支配行为,行为又刺激着大脑,使其功能增强。

意识与思维的定义

意识的定义:意识是人脑对大脑内外表象的觉察,即意识是高级生命体的大脑对于客观世界的反应。感觉、知觉、想象、思维和智慧都是意识的表现形式。

从此定义我们知道,意识是大脑的产物,意识是有等级层次的,意识的表现形式是综合的。

思维的定义:思维以感知为基础,又超越感知的界限。思维是人脑借助于语言对事物的概括和间接的反应过程。通常意义上的思维,涉及所有的认知或智力活动。它探索与发现事物的内部本质联系和规律性,是认识过程的高级阶段。

人脑是如何产生意识与思维的?

脑的基本构成单位是细胞,其中专门处理人脑信息的这类细胞——神经元的数量巨大。

神经元具有独特的构造,有三个组成部分:细胞体、轴突和树突。树突数量

心理健康与脑智发展

比较多,个头比较小,主要作用是接收信息,和其他神经元联络,从而传输电脉冲。轴突比较长,个头也比较粗大,负责把信号从一个神经元传送到其他神经元。简而言之,树突是负责接收信息的,轴突则是负责传出信息的。

每个神经元都从成千上万个其他神经元接收信息,也向成千上万个其他神经元发送信息,间接的过程发生在神经末梢和下一个神经元的树突之间,这个空间叫"突触间隙"。两个神经元之间的连接被称为"突触连接"。大脑平均每天能产生数万个想法,每次神经活动时都会产生轻微的放电。通过"轴突—突触—树突"的通路,电信号转变为化学信号,再转变为电信号。突触连接使神经元产生活力,在这种活力下,意识和思维便产生了。

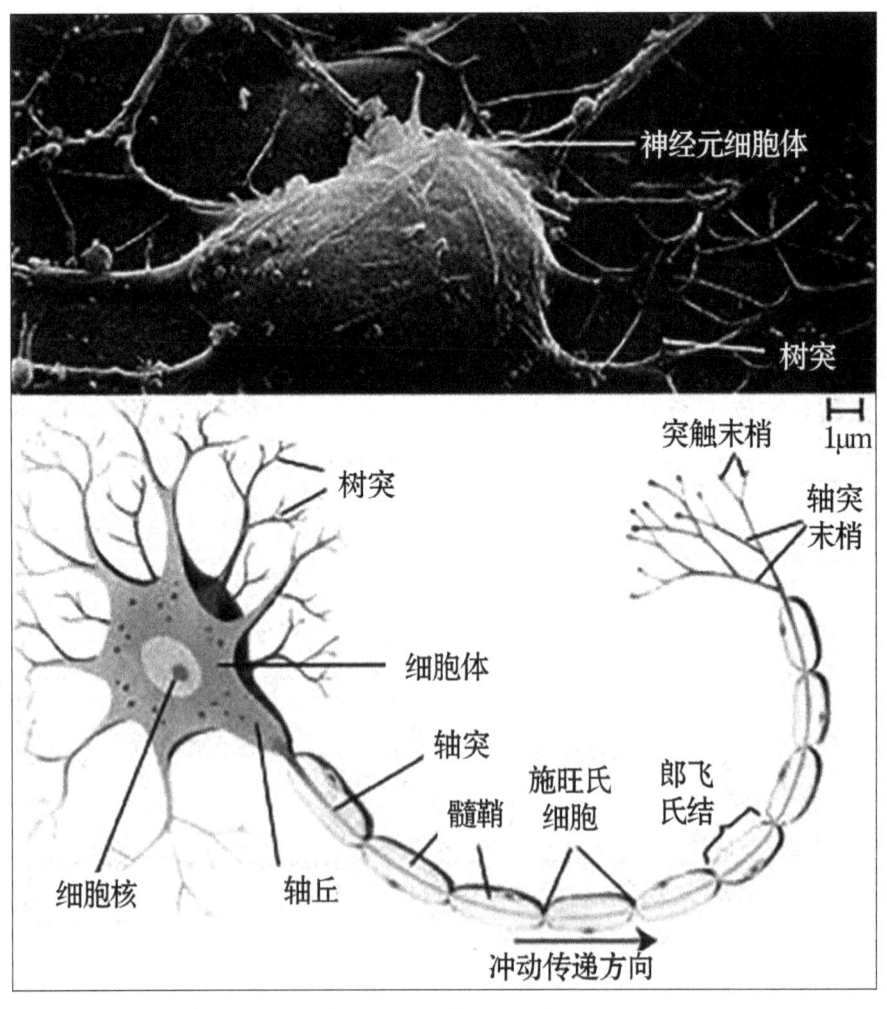

脊椎动物运动神经元模式图

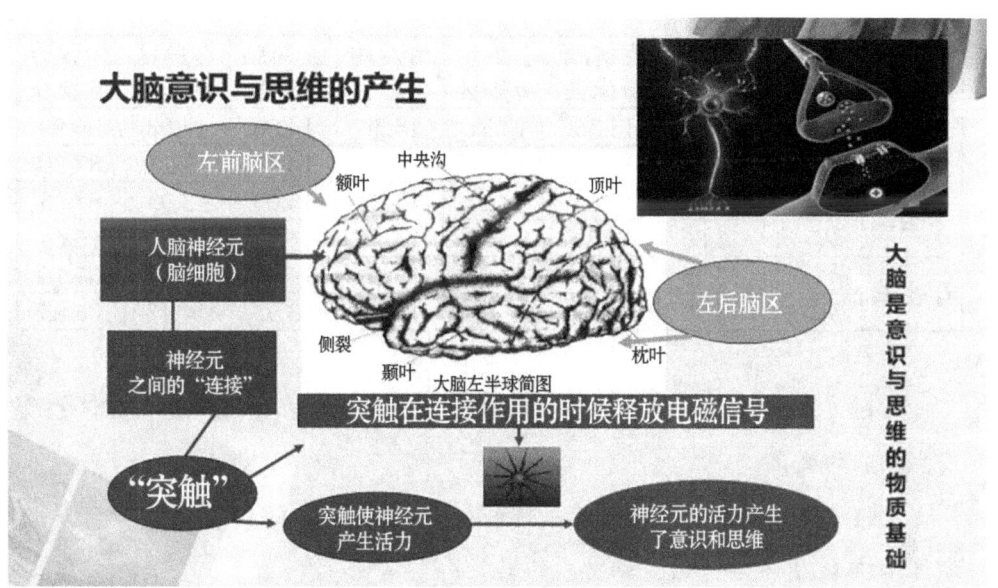

大脑意识与思维的产生

突触连接的时候释放的电磁信号越强,说明神经元发育越好,分叉越多,神经元活力越强,意识和思维越活跃,脑功能发展越好,从而大脑的指挥系统功能越好。

资料卡片一

小实验:短期刺激下大脑皮层电信号的变化

参加实验的三名学生:学生一、学生二、学生三。

实验目的:检测对学生进行强化快速阅读和专注力训练后,脑功能区的脑电信号的变化。

实验过程:

1. 随机选出符合脑象测评条件(身体和精神状态)的三名学生;
2. 对三名学生进行脑象测评,测试效果正常;
3. 对学生进行45分钟的强化快速阅读和专注力训练;
4. 阅读后20分钟之内进行第二次脑象测评。
5. 对三名学生进行脑象测评数据分析。(数据见下表)

名字		右前脑功能区	左前脑功能区	左后脑功能区	右后脑功能区	左颞脑功能区	右颞脑功能区	总脑力指数分
学生一	第一次	14.41	15.36	13.51	15.36	14.08	14.08	86.80
	第二次	12.81	14.98	16.13 ↑	14.98	14.69	14.21	87.80
学生二	第一次	14.50	12.65	14.21	15.27	13.09	13.93	83.65
	第二次	13.86	14.79	15.55 ↑	13.64	14.43	14.37	86.64
学生三	第一次	13.95	13.99	13.86	16.23	14.28	14.85	87.16
	第二次	14.79	14.69	15.55 ↑	13.22	13.93	14.47	86.65

结论:

1.通过强化快速阅读和专注力训练证实:短期刺激下大脑皮层电信号会发生相应的变化;

2.快速阅读和专注力训练专业课程的内容设置与大脑的左后脑功能区关联性比较大,并有助于该区脑功能的提升;

3.大脑由任务态恢复到静息态需要一定的时间。

思维是人类所具有的高级认识活动。按照信息论的观点,思维是对新输入信息与脑内储存知识经验进行一系列复杂的心智操作的过程。

分析与综合

分析与综合是最基本的思维活动。分析是指在头脑中把事物的整体分解为各个组成部分的过程,或者把整体中的个别特性、个别方面分解出来的过程;综合是指在头脑中把对象的各个组成部分联系起来,或把事物的个别特性、个别方面结合成整体的过程。

比较与分类

比较是在头脑中确定对象之间差异点和共同点的思维过程。分类是根据对象的共同点和差异点,把它们区分为不同类别的思维方式。比较是分类的基础。

抽象和概括

抽象是在分析、综合、比较的基础上,抽取同类事物共同的、本质的特征而舍弃非本质特征的思维过程。概括是把事物的共同点、本质特征综合起来的思维过程。抽象是形成概念的必要过程和前提。

课堂活动

1. 组织学生观看动画片《头脑特工队》。
2. 组织学生做信息传递的游戏,例如"你画我猜"。

探究与体验

1. 讨论人和动物的区别。
2. 讨论大脑是如何工作的。

科普园

思维的产生

我们的脑神经元像树杈,又像电线。神经元分叉越多,活力越强,意识和思维就越活跃。脑电波是我们的工作语言。

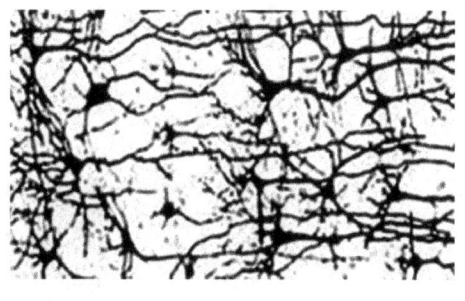

人脑的功能来自薄薄的大脑皮层。

脑神经"电线"是一段一段的,两根两根的"电线"要连接起来,需要有很多"开关",我们给这些"开关"取名"突触"。突触"开关"把脑神经连接起来,"灯"就亮了,就产生了思维和意识,同时会释放电磁信号。

心理健康与脑智发展

我们大脑中的神经网络,能使我们感受到外周世界,同时也能使我们思考,产生意识。它还能发出指令,指导我们的行为,使我们快速应对周围环境的变化,促进人与人之间的沟通和交流。

人类的意识学习和记忆能力的生物基础,不是脑细胞的数量,而是脑细胞与脑细胞之间的相互联系。

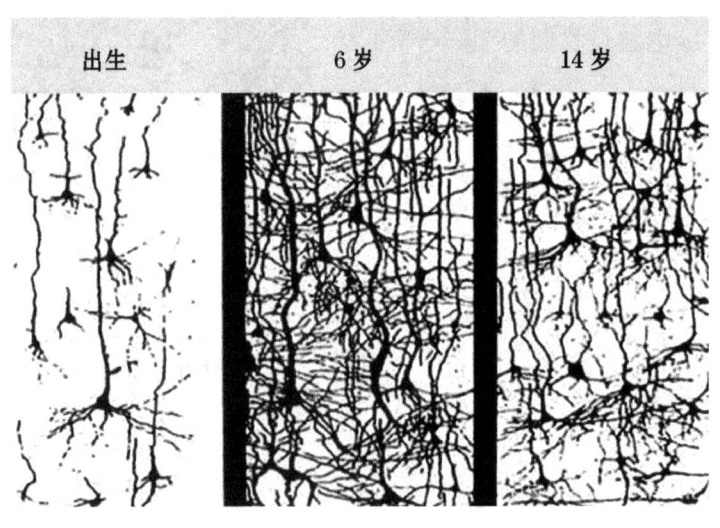

第五课 人脑功能区划分与脑象测评

大脑皮层的各感觉区域和各种感觉器官之间有着十分紧密的空间关系。神经解剖学家 F.J. 加尔和他的学生 J.G. 施普尔茨海姆于 19 世纪初提出：①脑是心理的器官；②人的基本性格和各种智力特点是先天决定的；③脑中一定存在着发展程度不同的皮层区域，这些区域负责不同的能力，即所谓的有不同的功能就有不同的掌管结构。这说明大脑各部位与感觉、运动、行为等功能具有对应的关系。

随着脑科学研究的深入，人类对脑功能的认识将不断深化。首次对脑功能进行划分的是美国著名科学家罗杰·斯佩里，他提出了著名的"左右脑分工理论"，首次对人脑左右半球功能进行了准确定义。

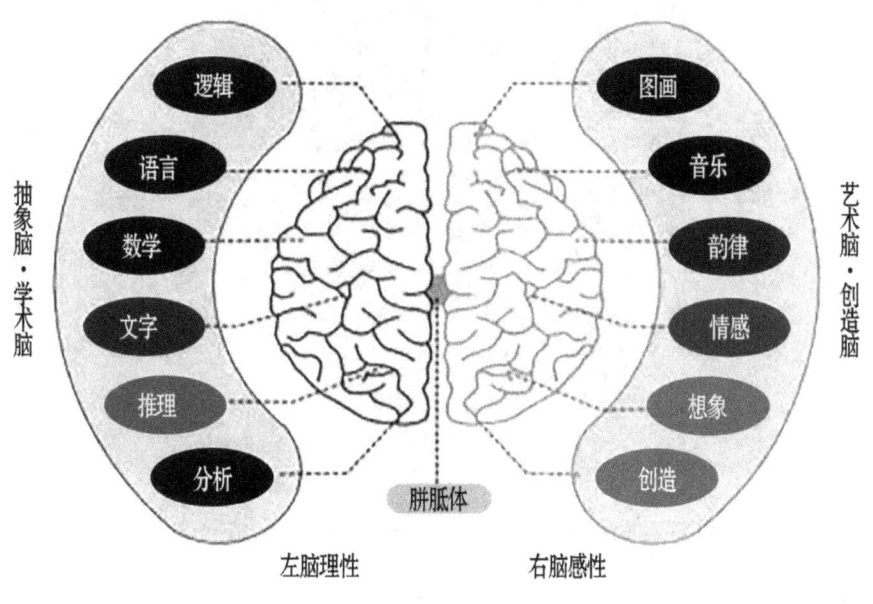

左右脑功能图

心理健康与脑智发展

罗杰·斯佩里的"左右脑分工理论"划分过于笼统,后续的科学家都在这一研究基础上进行细分,通过更先进的技术,例如核磁共振、脑电分析等对人脑功能进行了更精细化的划分。赫曼博士在左右脑的基础上经过研究提出了"全脑模型"。

资料卡片一

全脑模型(Whole Brain Model)

20世纪70年代,担任GE管理发展中心主任的奈德·赫曼(Ned Herrmann)博士,对自己的广泛兴趣感到好奇,因而投入对大脑思维偏好的研究。在GE的支持下,他发展出HBDI(Herrmann Brain Dominance Instrument)问卷,用以测评人的思维偏好,并且发展出全球至今仍沿用的全脑模型。全脑模型是一种被用来分析个人和组织的思维方式的方法。

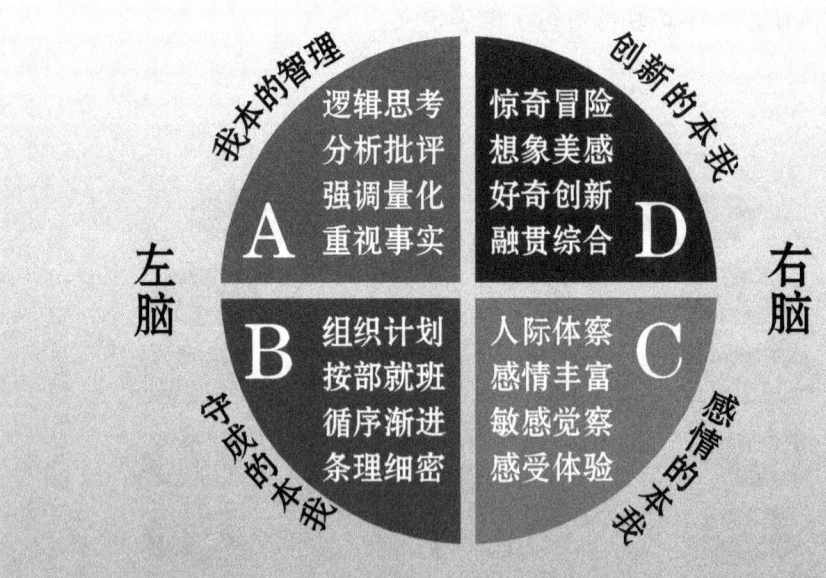

全脑模型是在左右脑的基础上区分出前脑和后脑,变为四个功能分区,并对各个功能分区进行了更为详细的定义,从而形成了另一个现在被主流学界所认可的大脑分区模型。

而在实际运用过程中,全脑模型依旧没能转变填表答题的形式,所以就其普

及度来说并没有像传统的心理学测试那样能够让大多数人知晓。但作为脑科学功能划分的一个主要模型,依旧有许多科学家在对其进行深入的研究与运用。

人脑的功能来自薄薄的大脑皮层,大脑皮层由神经元细胞构成,而神经元细胞所构成的神经网络便是人脑功能的基础。神经网络之间的电化学信号转换实现了神经网络之间的通信,而不同区域的神经网络的密集程度以及活跃程度,也会带来脑电信号的差异。

因此,通过脑电分析技术,将对应脑区的脑电信号收集起来,再运用对应的脑电分析技术就能得到其功能的强弱情况。我们国家的科研工作者就是运用这个技术原理,将全脑模型"脱胎换骨",摆脱了对于填表答题这种传统测评方式的依赖,开创出独具一格的具有颠覆意义的脑科学测评工具——脑象测评。

多年来,有众多教育或心理咨询工作者加入进来,应用脑象测评技术系统下的测评数据共同参与教育实证研究,对脑区功能又进行了更加细致的定义和描述,并在全脑模型的基础上加入关于记忆的脑功能区,在六个脑区上的运用已经非常成熟。

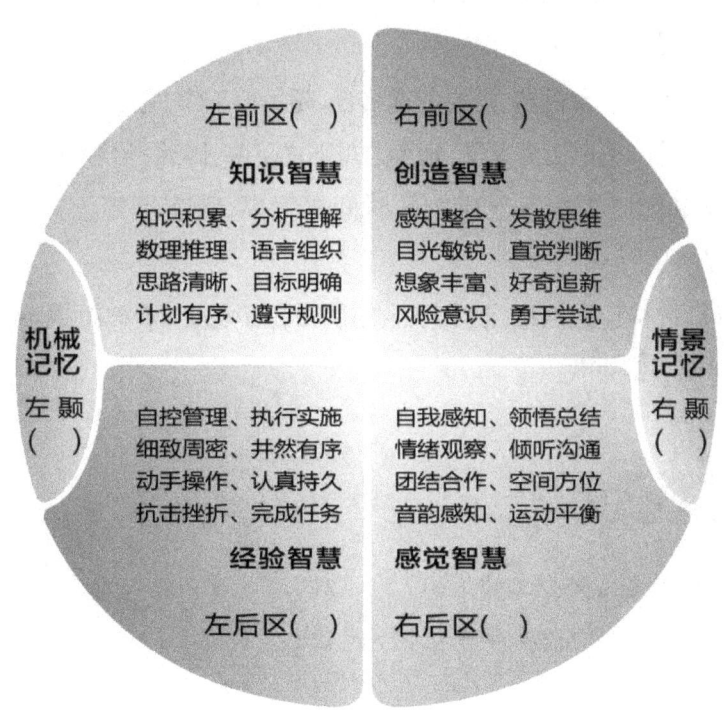

各脑功能与对应脑区示意图(学生阶段)

心理健康与脑智发展

在功能划分上,左右两颞属于不同的记忆系统,左颞机械记忆负责数字、文字的背诵性记忆,右颞情景记忆则负责对具体的事件经历以及具体的画面印象进行记忆。

而在四大脑功能区中,左前脑掌管数理推理、语言组织、归纳计划等,右前脑掌管发散思维、直觉判断、勇于创新等,右后脑掌管领悟总结、倾听交流、团结合作等;左后脑掌管执行实施、细节操作、自律抗挫等。

每个脑功能区之间的高低强弱的差异组合便呈现出各式各样,各有偏好和擅长的每个不同的人。脑区功能的强弱会在生活的各个方面影响人的工作、学习以及生活,还包括一个人如何认识和参与社会实践。了解自己各脑区功能强弱的意义在于认知自我、完善自我。

如何用脑科学改善学生学习?

教育的出发点应当是科学把握大脑本身的特性,将大脑作为人体的一个基础系统来认真培养。

人的大脑就像一台机器,需要劳逸结合。超负荷工作,它会疲倦,也会有损耗。大脑在疲劳的状态下记忆力下降,理解力也随之下降,因此,学习效率不会高。

学习效率远比在学习上所花的时间更重要,熬夜不等于刻苦,更不等于成功。

15 岁以后,神经元网络定型,学生的能力趋于稳定,因此把握培养学生专注力的关键时期非常重要。

 课堂活动

1. 谈谈你对左右脑分工的认知。
2. 谈谈你对机械记忆和情景记忆的看法。

探究与体验

1. 你认为《西游记》中师徒四人(白龙马除外)的优势脑区分别是哪个脑区?
2. 为什么唐僧什么功夫都不会,却能带领四个徒弟取经成功?

 **科普园**

脑割裂实验和左右脑分工理论

人的大脑有两个半球,左、右两个半球的信息可在瞬间进行交流。

大脑两个半球在机能上有分工,左半球感受并控制右边的身体,右半球感受并控制左边的身体。

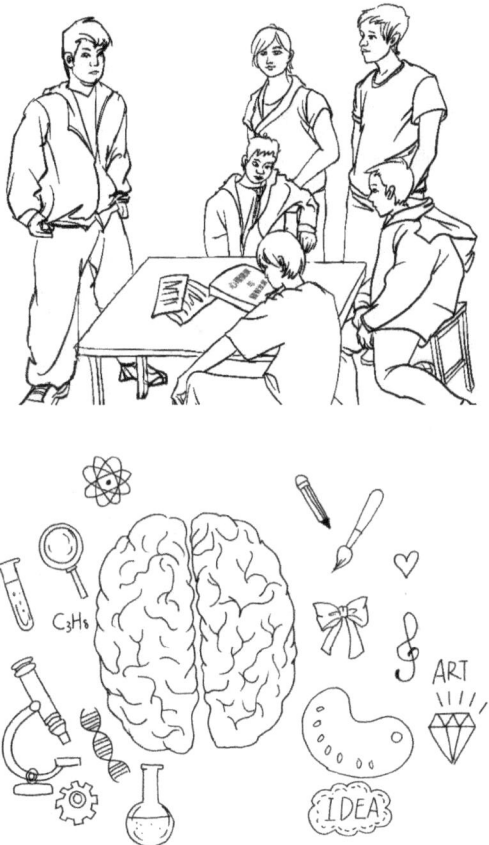

心理健康与脑智发展

美国有一位科学家叫罗杰·斯佩里。他发现在治疗车祸中大脑受伤的人时,左脑受伤的人摘除左脑,剩下右脑;右脑受伤的人摘除右脑,剩下左脑,这些人都能活下来,并正常生活。摘除左脑剩下右脑的人,数字计算能力基本缺失,做事特别不理性,这会要干啥就必须干啥,撞得头破血流也要去做。而摘除右脑剩下左脑的人,性情改变,特别死板,没有任何创造力和欣赏能力,不懂音乐美术。这就是罗杰·斯佩里教授著名  的脑割裂实验,他因此项发现于1981年与人一起获得诺贝尔生理学或医学奖。

在正常情况下,人的大脑有两个半球,由胼胝体连接沟通,构成一个完整的统一体来进行工作。来自外界的信息经胼胝体传递,左、右两个半球的信息可在瞬间进行交流,人的每种活动都是两个半球信息交换和综合的结果。

第六课　各脑区功能与行为的相关性简述

人的发展是脑不断建构的过程。脑的发展发育规律,就是教育最大的、最根本的规律。了解大脑的功能分区,就是开发大脑的科学依据。认识脑区优势,发现潜能所在,是青少年成长的重要途径。

脑区优势的认识及特点

人脑之间是有差异的,差异体现在脑功能区优势方面。著名心理学家、美国哈佛大学教授麦克里兰博士提出大脑优势"冰山模型",阐明了人对于知识、技能的掌握情况从根本上取决于大脑优势。一个人能否成才,关键在于能否发现其大脑优势。所以,一个人发现了自己的脑区功能优势,就等于发现了自己的人生方向。

脑科学研究表明,人的脑区功能优势在三岁前已经显现,每个正常的人都有自己独特的脑优势。人的学习能力、思维类型、心理倾向、行为风格等都隐藏在其脑区功能优势中。

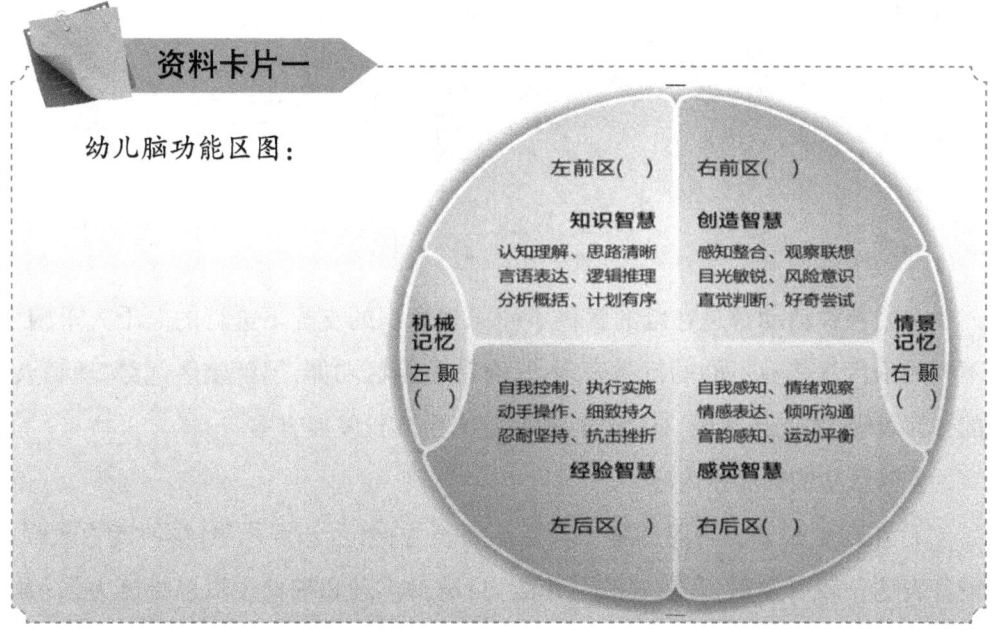

资料卡片一

幼儿脑功能区图:

心理健康与脑智发展

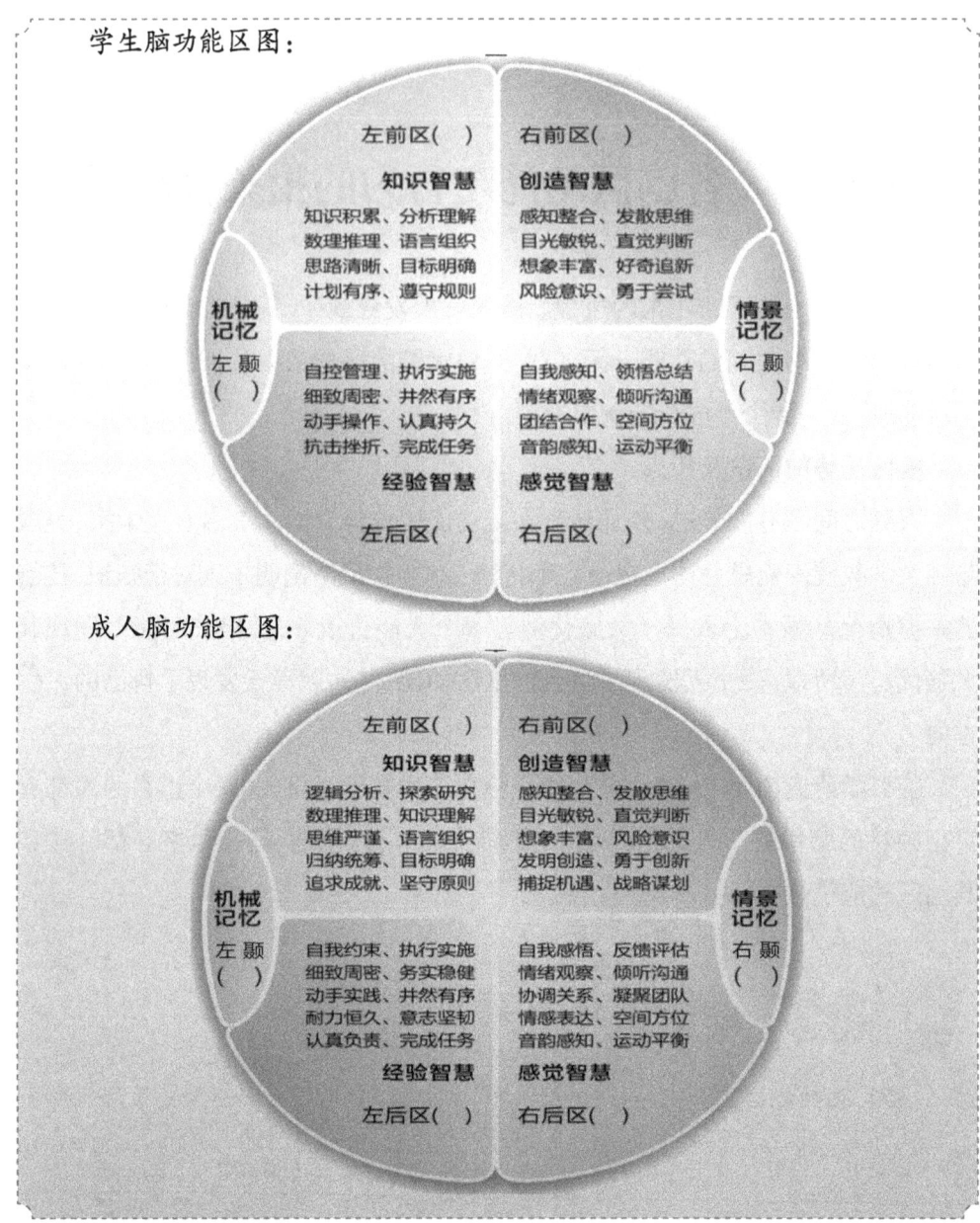

人的各种活动都是在脑的各种不同思想意识的支配下进行的。千人千脑，不同的脑区优势有不同的行为表现，只有认识脑区功能，了解脑区优势，理解人的行为表现，才能科学地、有针对性地制定人生成长发展方案。

各脑区功能的具体内容

（1）左前脑是知识智慧的脑。其特征表现为：善于知识积累，学习能力较强；语言表达比较有逻辑，有较好的写作能力；逻辑推理和抽象逻辑思维能力强；做

- 34 -

事能够合理计划安排,统筹兼顾;理智、独立,较为追求自我成就;个人意识较强;唯物的思维模式。

(2)左后脑是经验智慧的脑。其特征表现为:自控管理能力强,遵循规章制度,做事井然有序;动手能力强,注意细节操作,按时完成任务;认真负责,讲求实效,具有良好的执行力及组织实施能力;有一定的毅力和抗挫折能力。

(3)右前脑是创造智慧的脑。其特征表现为:代表创造思维、灵感思维和直觉思维;创新能力、风险承担能力、整合能力均强;富有丰富的想象力及求知欲,目光敏锐,思维开阔,富于开拓挑战精神,善于掌控全局;讲求直觉、浪漫。

(4)右后脑是感觉智慧的脑。其特征表现为:具有良好的悟性和总结能力;善于观察他人的情绪,善于倾听和沟通,能够处理好人际关系;对他人的意见善于支持,喜欢和别人分享内心感受,具有合作精神和社会责任感;身体平衡运动能力较强;对音乐比较敏感;有一定的空间感受潜能。

(5)左颞为机械记忆。机械记忆是对所学习材料本身缺乏意义联系,或者学习者不了解材料的意义,不理解其间的内在联系,单靠反复背诵达到的记忆,如对数字、电话号码、字母、文字、历史年代等的记忆就是机械记忆。机械记忆强的人在学习中对所学的知识有很强的识记能力。

(6)右颞为情景记忆。情景记忆是以时间和空间为坐标对个人亲身经历的、发生在一定时间和地点的事件(情景)的记忆。右颞也可称为大脑的"照相机"。情景记忆能力强的人在学习中喜欢理解性记忆,空间位置感、相对立体感好,所以画面记忆能力强,对看到的场景、所经历的事情等都有着很强的记忆能力。这类人做事很有条理。情景记忆属于远事记忆范畴,它是人类最高级、成熟最晚的记忆系统,也是受老化影响最大的记忆系统,记忆能力存在随年龄增加而下降的趋势。

各个脑区的表象特征,某些人会全部表现出来,某些人会部分表现出来,这与后天的环境有很大关系,切忌以偏概全。

人的身体可以通过训练变得更加强健,同样,大脑也是可以开发、训练的。教育家蒙特梭利在意大利贫民区开办学校,将人们认为的"笨"孩子培育成优秀的人才,从科学的角度看,正是运用大脑发展规律,用科学的方法对大脑进行训练的结果。

心理健康与脑智发展

资料卡片二

脑象图展示：

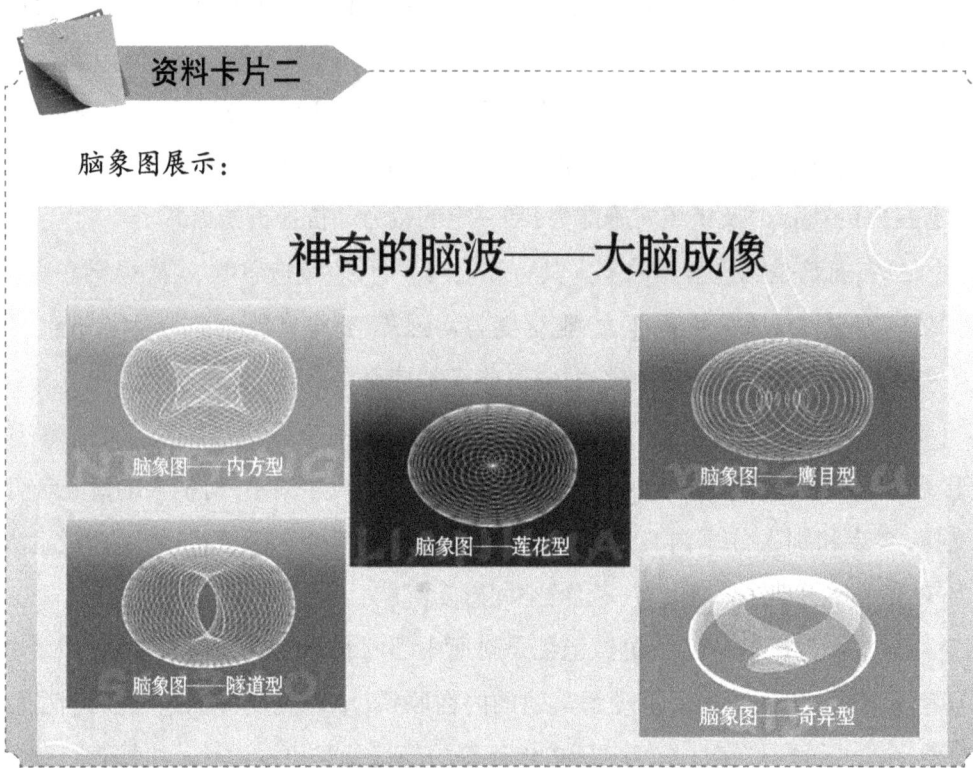

温馨提示

脑象测评的应用意义和作用：

人的发展是脑不断建构的过程，教育就是在塑造学习者的脑。脑象测评能够为这一过程提供动态的科学评估。其客观性、动态性和教育系统适用性，是目前其他测评工具所无法比拟的。

了解大脑的功能分区是自我完善大脑的科学依据。了解脑区优势组合对实现人生价值起到了很好的促进作用。

课堂活动

1. 展示脑象图成像的动画。
2. 讨论：你认为画家的哪个脑区好？

> **探究与体验**
>
> 1. 熟记各脑功能区的行为表现。
> 2. 情景模拟：模拟去食堂吃饭，不同脑区优势的人的不同表现。

 **科普园**

脑电脑象图理论

脑科学研究者立足于探索大脑整体功能，依据双脑理论、混沌动力学原理，在脑电图理论与实践的基础上，将对应脑区的脑电信号收集起来，并进行编码，建立数学模型，运用计算机成像技术和脑电分析技术原理，绘制成一幅幅生动的（立体三维）几何图形，创立了脑象图学说，得到各对应脑区功能的强弱情况，使得全脑模型"脱胎换骨"，摆脱了对填表答题这种传统测评方式的依赖，开创出独具一格的具有颠覆意义的脑科学测评工具——脑象测评技术。

有效图例

无效图例

心理健康与脑智发展

　　脑象测评将大脑分为六个功能区,先将采集到的脑电波(二维)转换成立体(三维)的脑象图,再对脑象图进行分析,给六个脑功能区赋予不同的分值,从而得到该对应脑区功能的强弱情况,证明了人类的思维和意识是可以表述的,我们已经走在探索大脑奥秘的道路上。

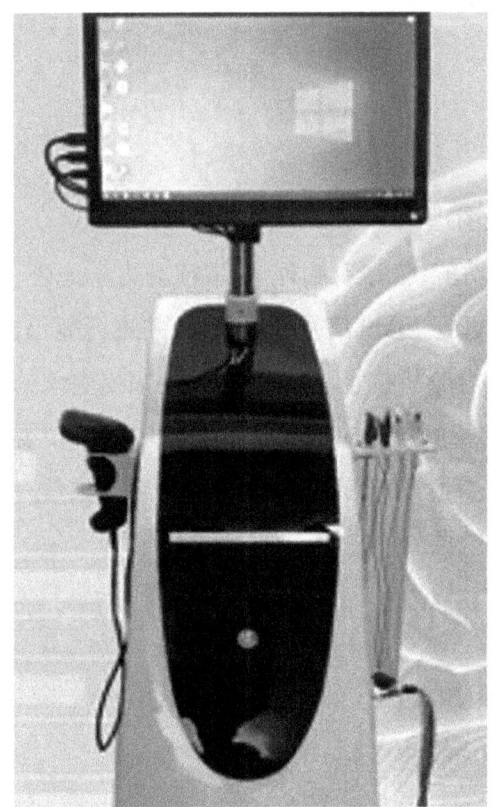
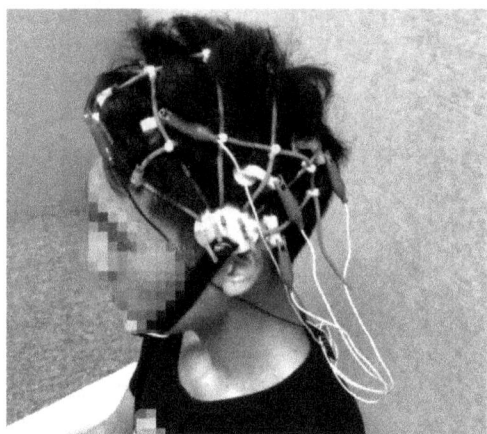
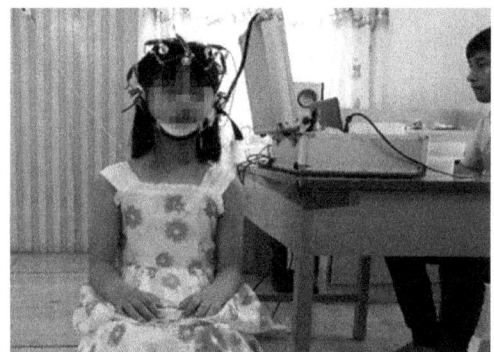

第七课　了解自我，成就人生

我们生活在现实社会中，在面对生活中的烦恼、挫折、迷茫、失败的时候，都希望找回自信与内心的勇气，希望找到自我持续成长的动力、持久快乐的源泉，因此认识自我显得尤为重要。

认识自我，给自我一个准确的定位，能清楚自己要什么，如何传达自己的感情，更能知道自己能做什么不能做什么、善于做什么不善于做什么，从而扬长避短。

资料卡片一

认识自我，才能寻找到适合自己的鞋子

有这样一个孩子，在他年少的时候，他的父母一直希望他可以成为一代文豪，于是把他送到了最好的学校，让他接受文学教育，希望他可以踏上文学之路。但很快他的老师给他下了这样的结论：该生很用功，但过分拘泥，不可能在文学上有所成就。

后来，父母又让他改学油画，虽然他十分认真地学习，可成绩却很是一般，进度也很慢。后来，一位化学老师发现了他的优点，认为他总是一丝不苟地对待每一件事，这一点十分可喜，于是这个化学老师建议他改学化学，并相信他会取得好的成绩。

果然，他智慧的火花被点燃了，在学习化学的过程中，他总是胜人一等，最终成了一名了不起的化学家。

他就是化学家奥托·瓦拉赫——诺贝尔化学奖得主之一。

自我认知的方法很多，我们需要根据具体情况和条件，选取恰当的方法了解自我。下面介绍几种自我认知的方法。

(1) 自省反思的方法了解自己。人需要自省，每个人都不是十全十美的，通过自省,发现自身存在的不足而改进,就会不断进步,日臻完善。同时,现实的世界诱惑太多,人容易为事物所左右而迷失自我。如果及时反省,就可以及时修正人生的航向,不偏离人生的目标。

(2)量表测评的方法了解自己。这主要是指通过测评量表来帮助学生认知自我,常见的有兴趣测评量表、性格测评量表、能力测评量表、价值观测评量表等多方面的量表。

(3)脑象测评的方法了解自己。脑象测评接收脑电波并将其绘制成直观的物理几何图形,以显示人类大脑的智慧特征、智力特征、情绪特征、个性特征、思维品质特征以及潜在的优势。通过脑象测评,可以从大脑生理层面客观认识自己、了解自己,有针对性地学习、工作、生活,扬长避短。脑象测评可以帮助测试者树立自信,看到未来,懂得选择,成就梦想。

前面介绍的几种了解自己的方法各有利弊。如:自省反思的方法了解自己,执行方法简单,容易进行,但是会受个人认知能力和主观意识的影响,导致自我认知不全面;量表测评的方法了解自己,测评内容很具体,但是易受测试者文化程度或主观因素等影响而影响测评的准确度;脑象测评的方法了解自己,优势是科学、客观、快捷和不受外界的干扰,准确度高,但需要用脑象测评设备来进行测试。

资料卡片二

一个大学生脑象测评后的反馈

关于脑象测评,首先,对一个对脑象测评没有一点了解并且从没有做过这方面测试的人来说,刚开始可能会比较好奇,脑象测评到底是什么东西?测出来的数据准不准确?我今天测完后对脑象测评有下面几个认识:

①测试时间短,出结果快。听说过脑部测试用时和出结果都很久,但是脑象测评时间短,结果出来快。

②结果直观,容易理解。结果以PDF形式发给测试人,文字性的叙述加上讲解可以更快、更直观地进行理解。

③结果准确。不能很保证地说针对每个人的结果都百分之百准确,但是就我个人而言,几个突出或者薄弱的项目分析得都很准确,帮助我更加了解自

己当下的状态和要改善的方向。

④总结合理。最后的总结和职业推荐,和我现在的想法基本一致,有助于我更准确地向就业方向努力。

做脑象测评的注意事项:

(1)需提前洗干净头发,头上不能涂抹发蜡、发胶等护发用品。

(2)测试前一天需按时作息,保证睡眠质量。

(3)受测者需保持良好的身体状况,感冒发烧或患其他疾病时不能进行测试。

(4)测试前10分钟需保持平静状态,不宜进行剧烈运动。

(5)饭后半个小时方可进行测试,空腹者无法进行测试。成人24小时内不能饮酒。

(6)受测者要保持良好的情绪状态,不能过度兴奋或紧张。

课堂活动

1.通过脑象测评,你认为自己的优势脑区与实际相符吗?

2.通过脑象测评,你喜欢的事情和你擅长的事情是一致的吗?

探究与体验

1.通过脑象测评,谈一谈为什么他/她是你最好的朋友。

2.和你的同桌交流,你们认为对方的最强脑区在哪里?

心理健康与脑智发展

科普园

熟悉左、右脑功能区与行为表

左前脑是知识智慧的脑,主要负责思维逻辑、数理逻辑、推理、分析、思辨、语言组织、归纳分析、运算、逻辑记忆等。

左后脑是经验智慧的脑,主要负责执行实施、自控管理、细节操作、自律抗挫等。左后脑强的人常有以下行为表现:手指灵活,动手操作、手眼协调能力好。

左脑强的人常有以下行为表现:善于知识积累,学习能力较强,善于运用唯物思维模式;语言的理解和表达能力强,有较强的写作能力;自控能力较强,目标明确,较为追求自我成就;遵守规则,执行实施能力强,抗击挫折、处理应激、完成任务能力强。

第一篇　知识篇

我们再熟悉一下脑科学的知识吧，我们把右前脑区的功能与行为对应一下。

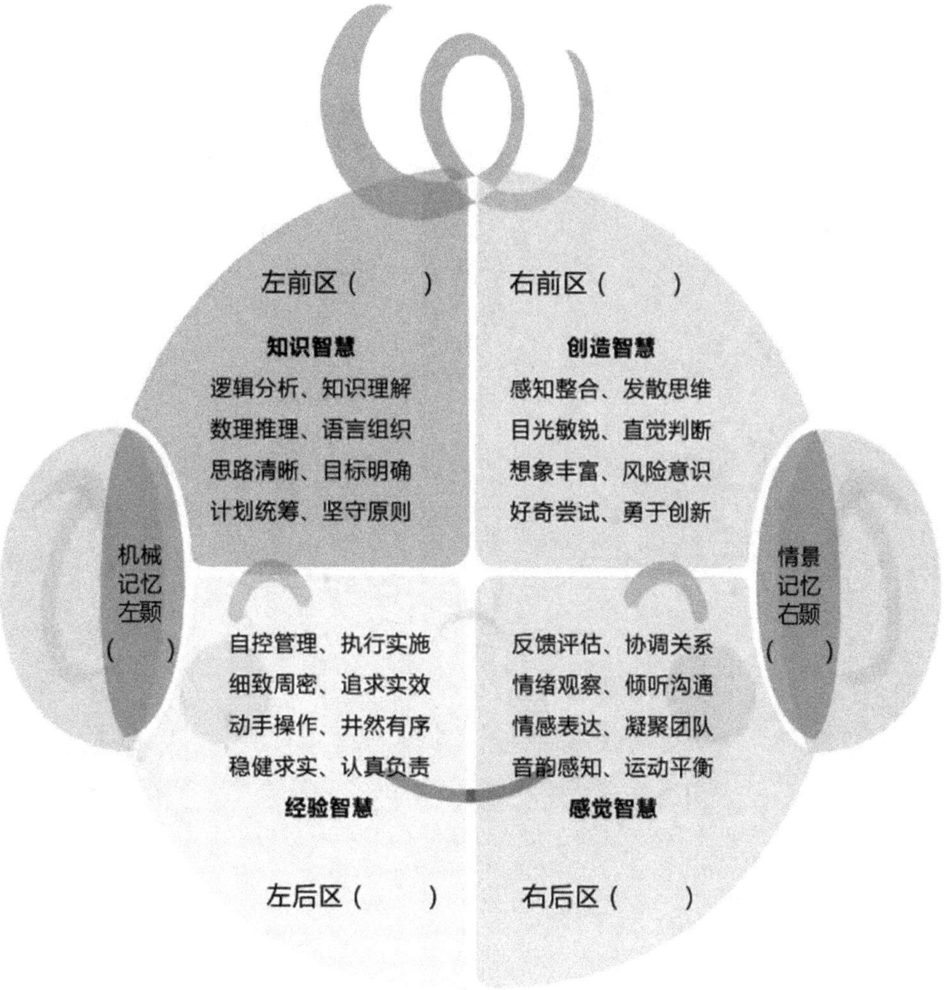

左前区（　　）

知识智慧
逻辑分析、知识理解
数理推理、语言组织
思路清晰、目标明确
计划统筹、坚守原则

右前区（　　）

创造智慧
感知整合、发散思维
目光敏锐、直觉判断
想象丰富、风险意识
好奇尝试、勇于创新

机械记忆左颞（　　）

情景记忆右颞（　　）

自控管理、执行实施
细致周密、追求实效
动手操作、井然有序
稳健求实、认真负责

反馈评估、协调关系
情绪观察、倾听沟通
情感表达、凝聚团队
音韵感知、运动平衡

经验智慧

感觉智慧

左后区（　　）

右后区（　　）

心理健康与脑智发展

右前脑是创造智慧的脑,主要包含发散思维、感知整合、想象丰富、风险意识、直觉判断等。

右后脑包含自我感知、领悟总结、情绪观察、倾听沟通、团结合作、空间方位、音韵感知、运动平衡等。

右脑强的人行为表现上常有这些方面的表现:富于开拓、挑战精神,富有求知欲,目光敏锐,好奇追新,勇于尝试,创新力、整合能力均强,善于交际,群体合作意识强,讲究直觉,喜欢运动等。

第三单元　认知自我

第八课　我是"谁"

　　人的一生就是不断认识自我、不断实践、不断理解自我的过程。正确地认识自己能够使自己得到提高，能够有方向性地训练自己、完善自己。错误地看待自己则易使自己沉溺在幻想的世界里不能自拔，甚至可能失去生命。

　　正确认识自己、不断完善自己是一件很不容易的事情。自我认识是对自己存在状态的一种觉察，也就是认识自己的一切，包括对自我的生理状况、心理特征、自身能力以及自己与他人关系等方面的认识。

　　当我们把自己看得太高时就容易变得狂妄自大、自命不凡，容不得他人的任何批评，而一旦碰到失败就可能使主观自我坍塌而变得自轻自贱；而将自己看得太低则容易觉得自己一无是处，学习和生活打不起精神，陷入自怜自卑、自怨自艾的负面情绪中。

资料卡片一

　　晓斌是一位职专一年级的学生。在老师和同学眼里，虽然他胆子有点小，不爱表现，但乖巧懂事，和同学们的关系也不错，老师也很喜欢他。但在父母眼中，却完全是另外一种情况，与家人交流时他伶牙俐齿，蛮横霸道。父母为此非常烦恼，不知道该怎么与他沟通。

心理健康与脑智发展

后来,父母带他做了脑象测评,发现他脑力综合指数很高,但是右前脑明显很弱。

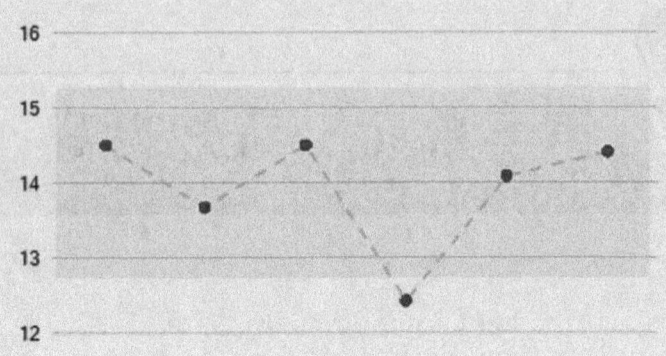

	左前区	左颞	左后区	右前区	右颞	右后区
分数	14.50	13.67	14.50	12.42	14.08	14.41

晓斌同学对应的脑区脑功能优势曲线图

从晓斌同学的脑功能区图来看,他的左前、左后和右后脑功能区都是优势脑区,所以他具有很强的逻辑思维优势,语言能力强,在学校表现乖巧,和同学关系很好,甚至有时委曲求全;但是他的右前脑功能低于正常值范围,导致他考虑问题不全面,做事不自信,缺乏胆量和担当。而他在家里就是另外一副面孔:任性、善于利用父母和爷爷奶奶之间的关系达到自己想要的目的,也就是把最真实的一面都展现给了最亲的人。

通过脑象测评解读咨询师的帮助和指导,晓斌认识到了自己的优势所在,树立了自

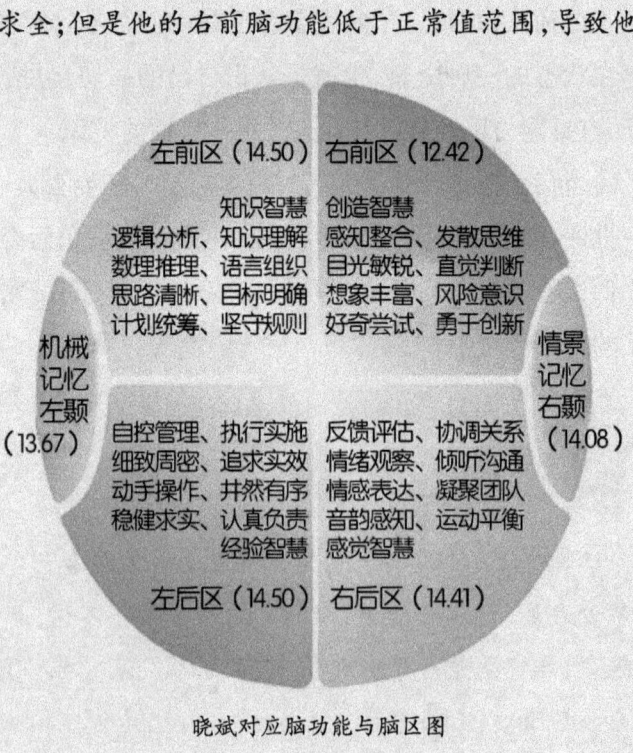

晓斌对应脑功能与脑区图

信心，努力克服了弱势方面，提升了胆量和责任感，改善了与家长的沟通方式，他在学校也变得更自信开朗。

现实中类似这样的孩子不在少数，借助科学的脑象测评方法，从脑功能生理基础上可帮助他们了解自己，让父母更科学地认识孩子，因材施教。

我们怎样才能获得对自我的正确认知呢？

了解自己的脑优势，更科学地认知自我。

(1)与他人比较。这主要是指与同龄人比较，同龄人之间有很多相似之处，可以互相交流和沟通，这样互相了解得也比较透彻。但是比较不是目的，重要的是通过比较来正确认识自己。

(2)与自己比较。我们可以通过与"过去的自己"比较，来认识"现在的自己"。不管我们目前在某个群体中的表现如何，如果相较过去是在进步，那就值得庆贺。

(3)自我反省。根据自己的优势和不足确定人生目标，规划如何度过学校的学习和生活时光。

认识自我的途径有很多。"当局者迷，旁观者清"，通过他人的眼睛来审视自己也是一条有效的途径。他人的评价像一面镜子，可以帮助我们更准确地从他人的角度来了解自己。我们要尊重他人的评价，冷静地分析，既不能一味盲从，也不能完全忽视。面对别人的批评，我们要有则改之，无则加勉。面对别人的赞扬，我们要感谢并接受，但不能盲目自大。

我们可以通过举办一些活动来了解自己。播放舒缓的背景音乐。与同学一起分组，每组4到5人。每人轮流向大家介绍自己，介绍内容主要包括自己的优点和缺点。优缺点分别不少于2个。针对每位同学谈的优缺点，组内其他同学真诚地提出自己的看法和建议。把同学对自己优缺点的评价记录下来。通过小组活动,你有什么感受?记录下来,和同学们一起分享。每组可以推荐一名同学到讲台上谈一谈自己的感受。

一棵小草对旁边的大树抱怨,说自己不如大树美丽,人们总是喜欢大树。大树对小草说,美丽的外表并不重要,重要的是要尽到自己的职责,对整个大自然有所贡献。小草已经对整个大自然做出了贡献,应该感到骄傲、高兴才对!

同学们,你可能想成为耀眼的太阳或参天的大树,而你在现实中可能只是一颗星星或者一棵小草。但是你要知道,星星也有动人的光芒,"野火烧不尽,春风吹又生",小草也有顽强的生命力。同学们,认识自己,了解自己,为自己喝彩吧!

1. 你希望三年以后的自己是个什么样的人?结合目前对自己的认识,你打算怎样度过这三年的学习与生活时光?

2. 通过今天的活动,你重新发现了自己的哪些优点和缺点?它们分别是什么?你怎样才能在所学专业中发挥长处、弥补不足?

探究与体验

1. 浅谈你对自我认知的理解。
2. 思考你对晓斌同学的情况的理解。

科普园:

是心脏决定大脑,还是大脑决定心脏?

有这么多"心"与大脑思维、情绪、情感有关的成语,让我们知道心与脑的功能是互动着的,心是脑的特殊功能的直接反映。

我们会思考,能判断,没有大脑,心的这些功能(精神作用)就不复存在。人类进行思考、判断的这种心的功能是很高层次的。此时大脑最发达的联合区处于特别活跃的状态,这个联合区的大脑新皮质与心的功能是密切相关的。

第九课　梦想与现实

自古以来,中国有很多关于梦想的名言警句,例如:"志当存高远"(诸葛亮);"燕雀安知鸿鹄之志哉"(司马迁);"骐骥一跃,不能十步;驽马十驾,功在不舍;锲而舍之,朽木不折;锲而不舍,金石可镂"(荀况);"志不强者智不达"(墨子)……

梦想人人都有,梦想是对人生的美好期待,是信念坚守的方向。现实是人们面临的客观实际。在现实当中,既有假、恶、丑,也有真、善、美。梦想是美好的,是灿烂的,是值得期待的,而现实是不断变幻的,是复杂交错的,是千奇百怪的。梦想和现实之间,总是隔着万丈深渊,看似梦想就在眼前,却仿佛永远也无法触摸。

资料卡片一

那个从北大退学转读技校的学生,现在怎么样了

周浩,1990年出生,父母是知识分子,很重视对他的教育。他不仅学习成绩好,还喜欢拆装机械类的东西。

2008年高考,周浩考了660多分的高分,排名青海省理科前5名,他顺从父母的意思,志愿报的是北京大学生命科学学院,并被录取。入学后不久,周浩就彻底失去了对本专业的学习积极性,之后决定休学一年。他到工厂做过流水线工人,也当过接线员,在这个过程中,他深深地感受到了没有一技之长根本无法在社会上立足。

周浩想学自己喜欢的专业,所以有了转校的想法。经过慎重考虑,他最终选择了北京市工业技师学院。

当知道这个消息时,周浩的父母极力反对。但听到孩子充分的理由陈述后,最终还是松口答应了。2011年底,周浩正式开始了在北京市工业技师学院的求学生涯,学习技术。

北京市工业技师学院对周浩特别重视,学校里的所有教学设备,包括学校里最珍贵的从瑞士进口的十多台数控机床,也对他全天开放,随时可用。勤奋的学习加上学校的支持,周浩很快就成了学校最优秀的学生之一。2014年,他带领自己的同学团队,成功从811名选手中脱颖而出,获得第六届全国数控技能大赛冠军。

对于未来,周浩有自己的规划,立志要培养更多的技能人才,因此毕业后选择留在学校任教,成了一名广受学生欢迎的理论与实践相结合的老师。

在2018年的第一届全国技工院校教师职业能力大赛中,北京市工业技师学院青年教师周浩榜上有名,斩获机械类一等奖!此后,周浩在机械领域多次获得国家大奖,因此他也作为高技能人才被引进并且落户北京。

周浩在一次获奖发言中说:"我的经历虽然有一定的特殊性,但印证了一个道理:认识自我,确定奋斗目标,锲而不舍,梦想就可能实现。"

每个年轻人都有自己的梦想,也都因自己的梦想激动过,或因梦想难以实现而苦闷过。只有勤勤恳恳地做好身边的每一件事,脚踏实地地走好人生的每一步路,才能更快地接近梦想。

资料卡片二

周恩来在少年时期离开故乡江苏淮安,来到东关模范学校读书。这一天,魏校长亲自为学生上修身课,题目是"立命"。当时正是中国社会发生剧烈变动的时期。校长讲"立命",就是给学生讲怎样立志。魏校长讲到精彩处突然停顿下来,问道:"诸生为何读书啊?"当时,有人回答:"为明理而读书。"还有人回答:"为做官而读书。"而当时的学生周恩来却响亮地回答:"为中华之崛起而读书!"魏校长赞叹道:"有志者,当效周生啊!"当时,周恩来年仅12岁。

一句响亮的誓言,一个远大的志向,正是这种伟大理想激励着我们敬爱的总理为中华之崛起奋斗了一生。他为了民族的独立、国家的振兴鞠躬尽瘁,死而后已。

心理健康与脑智发展

选择合适的发展目标,是一个人走向成功的关键。因此了解自己的特点,分析自己的发展条件,明确发展目标,对我们来说至关重要。

我们怎样才能明确自己的发展目标,并一步步实现它呢?

第一,要真正了解自己的脑功能优势。脑功能优势是人前进的内驱力,有了内驱力,就有了努力的方向。

第二,要确定合适的阶段性目标,例如"我想期末考试的时候成绩达到××分"。从心理学意义上讲,每完成一个目标,都会带来成功的体验,这种积极的情绪体验会促成下一个目标的达成。

第三,要把目标具体化。例如,"我希望在毕业前获得中级职业资格证书",或者"在这三年的学习中,我每个学期要拿到××学分"。把目标变成具体的事情和步骤,就可以更明确地进行筹划和落实。

第四,要确定实现目标的策略。它主要包括两方面的内容。一是分阶段实施的步骤。要全盘考虑,目标不能太大,例如"每天读书半个小时"。二是设定对目标完成情况的评估方法。如果没有评估,我们就不能及时看到自己的表现,就难以对实际情况做出调整,也容易缺乏进取的动力,最终阻碍目标的实现。

梦想是一支歌谣,唤醒人们心中的记忆;梦想是一轮暖阳,温暖人们潮湿的心房;梦想是一盏明灯,照亮人们前进的方向。在追求梦想的路上,也别忘了立足于现实之中,并且牢记要实现梦想就得努力,这样梦想才可能变成现实。

我的未来我做主

根据自己的实际情况,想象10年后你会在哪里从事什么样的工作,然后完成一份成长计划。

我的梦想是10年后_____。

因为我现在的爱好和优势是_____。

为了实现我的梦想我会_____。

探究与体验

有心理学家曾对不同种族、年龄的人进行过一次关于人生目标的调查。他发现,只有3%的人能够明确理想目标,并知道怎样去实现目标,而另外97%的人,要么没有目标,要么目标不明确,要么不知道怎样去实现目标……10年后,他对上述对象再一次展开调查,结果令人非常吃惊。属于原来97%范围内的人,除了年龄增长10岁,在生活、工作、个人成就上几乎没有太大起色;而属于原来3%范围内的人,却在各自的领域里取得了巨大成功,他们10年前提出的目标都不同程度地得以实现,并继续对未来有着明确的人生目标和理想。

1. 读了上面的内容,你最大的感悟是什么?

2. 目前,你成长与生活中最具体的目标是什么?你打算怎样去实现它?

3. 你的发展目标是什么?为什么会确立这样的发展目标?

心理健康与脑智发展

 科普园

认识我们的记忆功能区

第十课　阳光总在风雨后

"梅花香自苦寒来",逆境点缀生活,苦难是一笔丰厚的财富,生命总是在挫折和磨难中茁壮生长,意志总是在苦难和逆境中愈发坚强。

古今中外,各行各业,每个人在追求理想生活的过程中,都会遭遇挫折。有人在挫折中成长为响当当的人物,有人在挫折中一蹶不振甚至从此销声匿迹。挫折是魔鬼,也是天使。挫折能给我们带来什么,在于我们如何看待它、对待它。

资料卡片一

20世纪最伟大的物理学家爱因斯坦,童年时并不显得聪明,3岁时才学会说话,父母因而认为他是一个傻子。上学后,有位老师对他父亲说"你的孩子将会一事无成",甚至勒令他退学。16岁时,他报考苏黎世大学,又因成绩差而名落孙山。但他并不灰心。通过勤奋学习,他成了杰出的物理学奠基人。曾有青年问他是怎样成功的,他写下了这样一个公式:$A=X+Y+Z$(A代表成功,X代表辛勤的劳动,Y代表正确的方法,Z代表少说空话)。

既然挫折是不可避免的,那么就有必要学会如何面对挫折。

首先要正确认识挫折,树立正确的挫折观。在现实生活中,考试不理想、人际关系困难、生活不适应等挫折几乎每个人都曾遇到过。有的人总认为生活中的挫折、困境、失败都是消极、可怕的,受挫后往往悲观抑郁,甚至丧失了生活的勇气。事实上,挫折并不都是坏事,处理得好的话,它也可以成为自强不息、奋起拼搏、争取成功的动力和精神催化剂。可以说,挫折也是一种机会。只要能坦然面对挫折,树立战胜挫折的勇气和信心,就可以适应任何变化的环境。

其次是改变不合理的观念。心理学研究表明,引起强烈挫折感的与其说是挫折本身,不如说是受挫者对所受挫折的看法,以及所采取的态度。

常见的不合理观念有以下几种：

(1) 此事不该发生。一旦生活中出现诸如人际冲突、成绩滑坡、评不上优秀等等事件，就认为它不应该发生，因而变得烦躁易怒、束手无策、痛苦不堪、失去信心。

(2) 以偏概全。例如，有人对自己不友好，就得出结论说自己人缘不好或缺乏交往能力；因一事有错而对他人全盘否定；因社会有缺陷，存在阴暗面，就看不到光明，而彻底丧失信心。

(3) 无限夸大后果。例如，一门功课考试不及格，就认为自己能力不行，学不下去，毕不了业，找不到工作，人生没前途，生命没价值。这实际上是一种自己吓唬自己，给自己施加压力的做法。只有改变不良的认知方式、纠正错误的观念，才能实事求是地评价挫折带来的后果，从困难中看到希望。

再次，要加强修养，勇于实践。为了提高挫折承受力，应该主动地、自觉地将自己置身于充满矛盾的、复杂的社会环境中去磨炼，向生活学习，而不是逃避社会。从心理发展的角度看，积极主动地适应，勇敢顽强地拼搏，反复不懈地磨炼，会使心理更趋成熟，增强承受挫折、化解冲突的能力，促进心理朝着健康、向上的方向发展。

最后是优化自身人格品质。挫折承受力与人格特征有关。性情急躁的人、心胸狭窄的人、意志薄弱的人都容易产生挫折感。为了提高挫折承受能力，每个人都应主动地培养自己良好的人格品质，改变那些不利于自身成长的人格品质。自信才能乐观，乐观才能自信，两者相辅相成。当遇到挫折、困境时，如果相信自己一定能取胜，那就会积极去改变现实、克服困难、战胜挫折，这就是自信所起的作用。

资料卡片二

某职业学校学生小齐，因第一学期考试成绩不太好，就认为自己不是学习的料，开始自暴自弃，整日浑浑噩噩地混日子，迟到、早退，逐渐出现抑郁、焦虑的心理，甚至产生了退学的念头。

后来学校的心理老师给他做了脑象测评，发现他学习能力其实很强，但是因为情景记忆和右后脑区相对弱一些，学得快，但是没有做到课后复习，导致忘得也快,成绩自然不理想。

通过老师的讲解,小齐知道了自己的优势和弱势,调整了学习方法,制定了学习计划和学习目标,每天都会复习总结当天学过的知识,经过一个学期的努力后,终于在又一次的期末考试中,取得了班级前十的好成绩。

通向成功的道路不是平坦的,挫折、逆境常常会出现,只有充满自信、坚强不屈、顽强拼搏,才能实现自己的目标!

温馨提示

以下几种人格类型的人常常容易产生挫折感。

(1)性情急躁的人。

(2)心胸狭窄的人。

(3)意志薄弱的人。

(4)自我偏颇的人。

课堂活动

1.四人小组讨论:

(1)在生活中你有过挫败感吗?

(2)在遇到过的挫折中,你最感到痛苦的事是什么?

(3)当时,你有什么感觉,后来是怎么解决的?

(4)通过相互交流,请大家讨论战胜挫折感的秘诀。

*采取积极行动　　*找到失败原因　　*采取解决方法

2.你失败过吗?

根据实际情况写下自己曾经的失败经历,并回忆一下当时的心情和感受。

> **探究与体验**

1. 请同学们思考应对挫折和失败都有哪些方法。
2. 根据下面的量表，自测你的抗挫能力。

(1) 面临问题时，你会：

　　知难而进(2分)　　　找人帮忙(1分)　　　放弃目标(0分)

(2) 你对自己才华和能力的自信程度如何？

　　十分自信(2分)　　　比较自信(1分)　　　不太自信(0分)

(3) 每次遇到挫折，你都能：

　　大部分都能自己解决(2分)

　　有一部分能自己解决(1分)

　　大部分解决不了(0分)

(4) 在过去的一年中，你遭受过几次挫折：

　　0～2次(2分)　　　3～5次(1分)　　　5次以上(0分)

(5) 碰到难题时，你：

　　失去自信(0分)　　　为解决问题而动脑筋(1分)

　　介于两者之间(2分)

(6) 产生自卑感时，你：

　　不想干工作(0分)　　　立即振奋精神去干工作(1分)

　　介于两者之间(2分)

(7) 困难落到自己头上时，你：

　　厌恶至极(0分)　　　认为是个锻炼(1分)　　介于两者之间(2分)

(8) 碰到讨厌的对手时，你：

　　无法应付(0分)　　　应付自如(1分)　　　介于两者之间(2分)

(9) 学习感到疲劳时：

　　总是想着疲劳，脑子不好使了(0分)

　　休息一段时间，就忘了疲劳(1分)

　　介于两者之间(2分)

(10) 有非常令人担心的事时，你：

无法学习(0分)　　学习照样不误(1分)　　介于两者之间(2分)

(11)学习成绩不好时,你:

焦躁万分(0分)　　冷静地想办法(1分)　　介于两者之间(2分)

(12)面临失败,你:

破罐破摔(0分)　　将失败转化为成功(1分)

介于两者之间(2分)

(13)学习条件恶劣时,你:

无法学习(0分)　　能克服困难去学习(1分)

介于两者之间(2分)

(13)老师布置了很难的作业时,你会:

敷衍了事(0分)　　千方百计干好(1分)　　介于两者之间(2分)

结果分析:

0~8分:你的抗挫折能力很弱。

生活中比较普遍的挫折也能让你备受压力和感到烦恼,让你感觉自己的生活很糟糕。你需要提升自己的抗挫折能力,遇事当机立断,不要优柔寡断;不要过分计较个人得失;在学习和生活中处理好人际关系,不要钩心斗角;感到痛苦和压抑,不要抑制自责,要善于转移和分散注意力,必要时可大哭一场;遇到烦恼和心理矛盾时,主动找知心朋友谈心,请求帮助。

9~18分:你虽有一定的抗挫折能力,但对某些挫折的应对能力薄弱。

你可能对首次遇到的挫折没有很好的处理方法,但是在多次经历后就会快速了解如何处理,特别是自己无法解决时,可以主动求助于知心朋友,千万不要压抑,而是要将情绪表达出来,转移和分散注意力会让你更好地对抗精神压力。

19~28分:你的抗挫折能力很强。

你拥有乐观豁达的良好性格、积极向上的人生态度,这有助于你消除受挫情绪,提高自信心,对抗精神压力。

心理健康与脑智发展

苦难孕育着辉煌

金一南教授的《苦难辉煌》，向世人展示了一幅幅中国共产党人成长、奋斗、消灭苦难和挫折，最后走向辉煌的波澜壮阔的历史画卷。老一辈革命伟人毛泽东、朱德、周恩来……肩负历史使命，不畏牺牲，以坚定的信念和惊人

的毅力，在血与泪交织的岁月中，带领中国人民在"地火岩浆"中建立了新中国。

与革命前辈的苦难相比，我们今天遇到的低谷，又算什么呢？

每个人的人生都有高峰有低谷，如果把低谷比作风雨的话，那高峰就是风雨

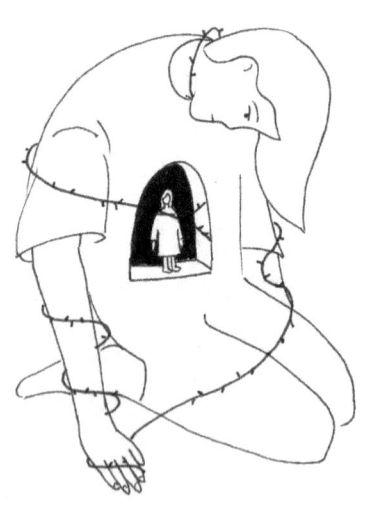

后的阳光。我们不难发现，风雨后的空气总是那样清新，风雨后的阳光总是更明媚，因为风雨卷走了那些阴霾和尘土。

能击败我们的唯有我们自己，一旦心死了，就失去了勇敢拼搏的勇气，失去了战胜困难的信心。请相信阳光总在风雨后，让我们扬起生活的风帆，在等待人生的阳光旅途中高歌猛进吧！只要坚持，你就会发现雨后的阳光是那么灿烂，雨后的彩虹是那么壮丽迷人。

请记住成功总在困难后，阳光总在风雨后。

第四单元　成长的烦恼

第十一课　敏感的性心理话题

中职生正处在容易冲动的年龄,心理状态也容易发生变化。这个时期的男生女生心思细腻,情感丰富。尤其是部分中职生抱着毕业即就业的态度,成人的感觉比较明显,喜欢异性也是一种心理需求。面对敏感的性话题,也许你会感觉到轻松愉快,也许你会感觉到难以启齿,也许你会感觉到不知所措,但无论如何,青春期的性冲动都是我们必须面对的一个重要话题。

> 发乎情,止于礼
>
> ——《诗经》

资料卡片一

萍萍是某商贸学校英语专业的学生,她聪明伶俐,衣着靓丽,活泼开朗,乐于助人,特别喜欢交朋友。

中职一年级时,萍萍爱学习,成绩好,升入二年级后一次偶然的机会,认识了同校的一名男生,因有相同爱好,二人的感情逐渐升温,并且确立了恋爱关系。刚开始约会只是牵牵手,不久后"热情"男友就不断提出性要求。几个月后的一天,萍萍没有抵挡住男友的要求,在没有任何保护措施的情况下,发生了第一次性关系。初尝禁果后,他们陶醉在二人世界里,看似很幸福的样子,慢慢地,逃课、早退、迟到成了他们的家常便饭,曾经的优秀学生现已无心上学,学习成绩一路下滑。

由于不懂得相关的性知识,没有采取必要的保护措施,萍萍怀孕了,但她自己并不知道。直到母亲发现萍萍开始频繁呕吐,以为是肠胃不适,带着萍萍去医院检查,才发现萍萍已经怀孕3个多月了。面对化验结果,16岁的萍萍流下了悔恨的泪水。在父母的陪同下,医护人员为萍萍进行了引产手术。萍萍由于性冲动意外怀孕,身心受到了严重的伤害。

生殖系统是人体各系统中发育最迟的一个系统。当我们进入青春期,随着生殖系统的发育成熟,性激素会迅速增多,我们开始有性欲望,会出现性梦、性幻想,渴望释放性冲动,看到异性会产生冲动等,这些都是因生殖系统的成熟而产生的正常的生理、心理反应。因此进入青春期后,有性欲望、性幻想、性冲动并不是不道德的,这是生殖系统开始发育成熟的标志,也是人类繁衍后代的本能反应。

有性冲动、性欲望是正常现象,关键是我们要正确认识与性有关的想象与行为。

(1)性梦与性幻想。性梦是性生理成熟的男女在睡眠中出现与性内容有关的梦境,是一种正常、健康的心理状态。但是,整日沉溺于性梦或性幻想则对身心健康发展不利。

(2)自慰行为。个体通过自慰行为来满足性冲动是常见的现象,不必为自己有过自慰行为感到不安或焦虑,它是个体发泄性欲望的一种正常方式,但不要刻意尝试或深陷其中。

(3)性行为。随着时代的发展,人们对性的态度也发生了一些改变。但过早的性行为会给青少年带来生理和心理的双重创伤,会为今后的婚姻和家庭生活埋下隐患。

(1)性冲动是正常的生理、心理反应。

(2)性冲动是生殖系统开始成熟的标志。

(3)性欲望不一定通过性行为来获得满足。

(4)如果真的珍惜一份感情,那就先从珍惜自己和对方的身体开始吧!

(5)珍爱自己,就像珍惜手中纯净的水一样,不迷失自我,永葆青春的靓丽!

探究与体验

1.青少年性行为的发生,往往并不是出于性本身的需要,而只是为了满足好奇心或发泄某种情绪。有些青少年就是在难以克制的混乱情绪的驱使下发生初次性行为的,有些青少年则是为了发泄对强迫式管教的气愤而发生了初次性行为。性行为一旦发生,不仅会对青少年的心理或情绪造成严重困扰,还可能使其遭受不安全性行为所带来的严重后果。

想一想,青少年一旦遇到主动性行为或被迫性行为,该怎样去面对?

2.影响我们产生性冲动的因素除生理成熟外,生活中直接引起性紧张的往往是非生理因素,尤其是外部因素。你认为哪些外部因素容易引发性冲动?正确应对这些外部诱发因素的方法有哪些?

《诗经》里的爱情有多美

《诗经》里有许多爱情篇章,记录了人类步入文明社会之后的情感生活,东方文化表达性爱的含蓄与中华民族的传统价值观密不可分。

两千多年前的爱情画面,依然是那样清晰,仿佛就在眼前,淳朴优美、含蓄内敛。

还记得北京冬奥会闭幕式吗?演员们手捧发光的柳条,缓缓步入展厅,他们向中央汇聚,演绎中国人传承千年的"惜别怀远""折柳寄情"。

在中国古代,当朋友、恋人远走分离之时,常常会被赠予柳条作为离别礼物,可见中国人送别、恋爱的这种含蓄、唯美的画面有多美。

第十二课　情绪管理

看到美丽的风景,我们会心情愉快;取得学业的成功,我们会欢欣鼓舞;得到他人的帮助,我们会心存感激;遭遇意外的失败,我们会伤心难过;遇到他人的误解,我们会愤怒恼火……是情绪使我们的心理世界变得丰富多彩,是情绪带给了我们酸甜苦辣的人生百味。

> 怒不过夺,喜不过予。
>
> ——荀子

心理专家认为,情绪管理是指用科学的方法有意识地调适、缓解、激发情绪,以保持适当的情绪体验与行为反应,避免或缓解不当情绪与行为反应的实践活动,包括认知调适、合理宣泄、积极防御、理智控制、及时求助等方式。

因此,情绪管理就是用对的方法,用正确的方式探索自己的情绪,然后调整自己的情绪,理解自己的情绪,放松自己的情绪。所以,情绪管理不是要去除或压制情绪,而是在觉察情绪后调整情绪的表达方式。

资料卡片一

有一个年轻人失恋了,一直摆脱不了现实的打击,情绪低落,已经影响到了他的正常生活。他没办法专心工作,无法集中精力,头脑中想到的就是前女友的薄情寡义。他认为自己在感情上付出了很多却没有收到回报,很傻很不幸。于是,他找到了心理咨询师并做了脑象测评。

通过脑象测评,心理咨询师告诉他,他的情绪控制能力弱,而且不太喜欢主动和别人交流,遇到问题喜欢钻牛角尖,其实他的处境并没有那么糟,只是他想象得太糟糕了。在给他做了放松训练,他的紧张情绪减少后,心理咨询师给他举了个例子。"假如有一天,你到公园的长凳上休息,把你最心爱的一本书放在了长凳上,这时候径直走过来一个人坐在了椅子上,把你的书压坏了。你会怎么想?"

"我一定很气愤,他怎么可以这样随便损坏别人的东西呢!太没有礼貌了!"年轻人说。"那我现在告诉你,他是个盲人,你又会怎么想呢?"心理咨询师接着耐心地继续问。"原来是个盲人。他肯定不知道长凳上放着东西!"年轻人摸摸头,想了一下,接着说,"谢天谢地,好在只是放了一本书,要是油漆或是什么尖锐的东西,他就惨了!""那你还会对他愤怒吗?"心理咨询师问。"当然不会,他是不小心才压坏的嘛,盲人也很不容易的。我甚至有些同情他了。"

心理咨询师会心一笑:"同样的一件事情,他压坏了你的书,但是你的前后情绪反应却截然不同。你知道是为什么吗?""可能是因为我对事情的看法不同吧!"

同一件事,看法不同,情绪体验也不同。比如,同样是失恋了,有的人放得下,认为未必不是一件好事,而有的人却伤心欲绝,认为自己今生可能都不会再恋爱了。再比如,在找工作面试失败后,有的人可能会认为,这次面试只是试一试,通不过也没关系,下次可以再来,有的人则可能会想,我精心准备了那么长时间,竟然没通过,是不是我太笨了,我还有什么用啊,人家会怎么评价我。这两类人因为对事情的评价不同,情绪体验当然不同。

对于上面这个失恋的年轻人来说,失恋只是一个诱发事件,结果就是他情绪低落,生活受到影响,无法专心工作;而导致这些结果的,正是他认为自己付出了努力,却没有收到对方的回报。假如他换个想法——她这样不懂爱的女孩不值得自己去珍惜,现在她离开了,可能会避免以后她对自己造成更大的伤害,那么他的情绪体验显然就不会像现在这么糟糕。

发泄情绪是人的本能,管理情绪是人的能力。

影响情绪产生的因素有外部因素和内部因素。

影响情绪产生的外部因素

人的情绪产生必然会和一定的环境或事件相联系,实际上,凡是能引发情绪的自然条件、社会生活中的事件,以及和身体有关的原因,都可以被称为"刺激情境",即影响情绪产生的外部因素。

情绪产生的内部因素

每个人的大脑生理结构都不一样,对于情绪的控制能力也不一样。因此,既有"冲冠一怒为红颜",也有"坐看闲云宠辱不惊,闲看庭前花开花落"。

资料卡片二

司马迁发奋写《史记》

司马迁出生在黄河岸边的龙门。他从小看着波涛滚滚的黄河从龙门下呼啸而去,听着父老乡亲们讲述古代英雄的故事,心里十分激动。父亲司马谈是汉朝专门掌管修史的官员,他立志要编写一部史书,记载从黄帝到汉武帝时期的历史。受父亲的影响,司马迁努力读书,大大充实了自己的历史知识。他还四处游历,广交朋友,积累了大量的历史资料。

司马谈临终之时,泪流满面地拉着儿子的手说:"我死之后,朝廷会让你继任我的官职的,你千万不要忘记我生平想要完成的史书啊!"司马迁牢记父亲的嘱托,每天忙着研读历史文献,整理父亲留下来的史料和自己早年走遍全国搜集来的资料。

正当他专心致志写作《史记》的时候,一场飞来横祸突然降临到他的头上。原来,司马迁因为替一位将军辩护,得罪了汉武帝,入狱受了酷刑。司马迁悲愤交加,几次想血溅墙头,了此残生。但想到《史记》还没有完成,便打消了这个念头。他想:"人总是要死的,有的重于泰山,有的轻于鸿毛。我如果就这样死了,不是比鸿毛还轻吗?我一定要活下去!我一定要写完这部史书!"想到这里,他尽力克制自己,把个人的耻辱、痛苦全都埋在心底,重又摊开光洁平滑的竹简,在上面写下了一行行工整的隶字。

就这样,司马迁发奋写作,用了整整13年时间,终于完成了一部52万余字的辉煌巨著——《史记》。这部前无古人的著作,几乎耗尽了他毕生的心血,是他用生命写成的。

自我情绪管理影响着一个人的人际关系。人际关系取决于一个人的情绪表达是否恰当。倘若常在他人面前任由负面情绪决堤，丝毫不加控制，乱发脾气，久而久之，别人会视我们为难以相处之人，甚至将我们列为拒绝往来户。反之，若常面带微笑，多赞美他人，以亲切的态度与别人和谐相处，人际关系自然会逐渐改善，从此人生也会变得较不寂寞、孤独，而且处处有人相伴，共度人生岁月。

常见的情绪管理的四种方法分别是发现情绪、接纳情绪、表达情绪、宣泄情绪。加深对这四个方法的了解，熟练地运用它们，我们就能做自己情绪的主人。

发现情绪

当我们要解决情绪问题时，首先就要认识到，我们到底被什么情绪困扰着。如果我们连自己被什么情绪困扰都不知道，那就谈不上解决情绪问题了。所以管理情绪的第一步就是发现情绪。我们要沉下心来，仔细想想自己处在哪种情绪中：是愤怒，是悲伤，抑或是焦虑？

接纳情绪

通过第一步，我们发现了自己的情绪，接下来要做的就是接纳自己的情绪。我们要知道情绪的产生都是有各种原因的，我们不要因为情绪问题来责怪自己，情绪的产生和发展都要遵循自然规律，我们无法抵抗。如果我们觉得自己的情绪不应该出现，那就是在和自然规律对抗，无疑是自寻烦恼。接纳自己，接纳情绪，给自己一个机会来解决情绪问题。

表达情绪

当我们心中有了某种情绪的时候，一定不要把它闷在心里，要通过合适的方法把它表达出来。我们不要担心别人看到我们的负面情绪而对我们产生负面印象，情绪表达是一种很正常的行为，我们无须在乎他人如何想，毕竟相比于照顾他人的感受，照顾自己的情绪更为重要。

宣泄情绪

管理情绪的最后一步就是要将情绪宣泄出来。我们要知道情绪很难自己消散，我们要通过一些方法让它从我们心里离开。这里介绍两种舒缓情绪的方法。一是多晒太阳。多晒太阳可以让我们心情更好，已经被证实了的季节性抑郁症的出现，就是因为冬天的阳光比较少，使得人们的心情抑郁。另外，室内灯光差也容易使人情绪不好。二是亲近自然。亲近自然能够让我们的情绪舒缓下来，自然中的绿色对我们的神经系统具有调节作用,能平静情绪、明眼明目。所以即使我们处在远离自然的城市中,也要尽量到家周围的公园等地方散散步,这也能帮助我们减轻情绪压力。

怎样管理好自己的情绪?

(1)缓解不良情绪。

宣泄法:运动、唱歌、绘画、大喊几声、大哭一场等。

转移法:看书、看喜欢的电视、做喜欢的事情等。

倾诉法:写日记,向自己的父母、心理老师或好朋友倾诉等。

自我暗示法:自己安慰自己,给自己积极的自我暗示。

心理放松操:深呼吸一口气,慢慢往外吐气。

(2)改变不合理的观念。

有时我们会有一些不合理的观念,使我们产生情绪困扰。异向思维高的人往往会固执己见,坚持自己的观点。

不合理观念常常具有以下三个特征。

①绝对化的要求。例如,"我必须成功""你必须对我好"等等。

②过分概括的评价。例如"我干什么都不行,是个失败者""这件事失败了,全都是因为他"。

③糟糕至极的结果。例如,"我没考上大学,一切都完了""他不喜欢我了,我的世界一片灰暗了"。

因此,在日常生活和工作中,当遭遇各种失败和挫折时,要想避免情绪失调,就应该对应自己的脑功能状况,看是否存在一些"绝对化要求"及"过分概括化"和"糟糕至极"等不合理想法,如有,就要有意识地用合理观念取而代之。

心理健康与脑智发展

课堂活动

1.喜、怒、哀、惧是人类的四种基本情绪,你知道有哪些词语能用来表达这些情绪吗?请填写在下面的表格里。

喜	怒	哀	惧

2.你所表达出来的情绪能被别人较准确地感受和理解吗?你想要表达的情绪正是你实际上表达出来的情绪吗?你能准确地读懂他人的情绪表达吗?可能很多同学都没有思考过这些问题。下面的活动或许能帮助你初步了解自己情绪表达和情绪理解的能力。

活动规则:每位同学(不记名)想出一个描述人类情绪的词或成语,交给老师。接着随机选出两名同学,其中一名同学表演随机抽出的词或成语,另一名同学根据表演进行猜测。

通过该活动,你认为自己的情绪表达准确吗?你能准确地读懂别人的情绪表达吗?该活动对你有什么启发?

探究与体验

坐一坐空椅子

当遇到令你感到愤怒或引起你其他消极情绪的事情时,将一把空椅子假想成引起你情绪反应的人,自己坐在空椅子对面,尝试着与空椅子所代表的人谈话,讲出对他的看法或观点。然后,马上换到空椅子上,扮演对方,回应你刚才提出的观点或意见;你必须听完"对方"的解释,才能坐到自己的椅子上,从自己的角度思考"对方"的解释,并继续提出自己的观点。在不断的角色转换和自我辩论中,就可以慢慢地理解双方的冲突,并可能重新接纳"对方",同时也有效地调节了自己的情绪。

没有体验就没有发言权,认真地尝试一下这个方法,你会发现自己有了之前无法想象的变化。写下自己使用该方法的实际感受和效果。

我的感悟与收获：

各种情绪表情包

微信中有各种各样的表情包，想一想，与同学相处时，你最常用的是什么表情包？

心理健康与脑智发展

这些情绪表现,你都有过吗?

第十三课 向快乐与幸福出发

现实生活中,我们每天都会遇到各种事情,并且会出现各种情绪。当事情办得很顺利时,我们的心情就会特别好,感觉自己就是天之骄子;可是一旦事情不顺利,心情就会一落千丈,愤怒、怨恨、内疚、羞愧等情绪就来了。积极快乐的情绪让我们感觉幸福、有活力,焦虑、悲伤等消极情绪则会让我们心灰意冷,感到自己哪儿都不行,甚至会出现头晕目眩、肌肉疼痛等症状。

> 我微笑着走向生活,无论生活以什么方式回敬我。
>
> ——汪国真

面对同一件事情,不同的人表现不同,心情也不一样。

有的人会想:事情办不成也没关系,我可以再尝试一次,或者认为这件事没有什么价值,直接放弃也行。这种人脑子灵活,不钻牛角尖。

有的人会想:气死我了,怎么这一点小事都办不成,肯定是有人跟我过不去,我想跟他吵一架,真不行就打一架。这种人脾气暴躁,容易发怒。

有的人会想:这件事我没有把握,估计办不成,等我做好了准备,我再把这件事办成,保证不会出差错。这种人循规蹈矩,不做没把握的事情,一般也不容易受挫。

还有人会想:我怎么这么倒霉呢?怎么事事处处都跟我作对呢?这可怎么办呢?气死我了。这种人心思细腻,多愁善感,容易抑郁。

资料卡片一

婷婷是职业学校的一名学生,上幼儿园时父母离异,上小学时跟着外婆生活。外婆很强势,对婷婷要求严格,婷婷想反抗的时候,外婆会打骂婷婷。婷婷上小学五年级时,开始出现自残行为,用刀片割自己的手腕,父亲发现后把婷婷接回自己家里,从那以后,婷婷由爷爷和奶奶照顾。

婷婷家里有个弟弟,时常跟婷婷争东西、争宠,婷婷对爷爷奶奶处理问题的方式不满意时,会特别恼恨自己的弟弟。

通过脑象测评,发现婷婷异向思维和右后脑区的分值都特别高,表现为叛逆、敏感,什么事喜欢自己说了算,唯我独尊,固执己见。

在家里婷婷只跟父亲关系好,因为父亲宠爱婷婷,满足婷婷的愿望。但父亲工作忙,不能天天陪伴婷婷。婷婷只能跟不懂事的弟弟和强势的奶奶在一起生活,委屈的时候比较多,长期的心理压抑使婷婷患上了抑郁症,甚至有强烈的自伤和伤人倾向。

经过心理测评师的讲解,婷婷认识到了自己的不足,家长也知道要多和孩子沟通,正确地引导和陪伴孩子。通过多次辅导和家人的配合,婷婷的问题逐渐缓解,她的心情也好了很多。

亲爱的同学,当你情绪低落时,你是不是在寻找"忘忧草"?其实快乐本由心底生,何必还往他处寻?记住,做情绪的主人,把握自己的人生!

我们不能左右天气,但是我们可以改变心情;

我们不能选择容貌,但是我们可以展现笑容;

我们不能支配他人,但是我们可以掌握自己;

我们不能样样顺利,但是我们可以事事尽心。

幸福,不仅是快乐的情绪、情感体验,也是自我实现这一需要的满足,是良好心态、宁静心灵的和谐统一。

资料卡片二

情绪钉

从前有个坏脾气的小男孩,常常发脾气。一天,父亲给了他一大包钉子和一个铁锤,要求他每发一次脾气就必须用铁锤在他家后院的栅栏上钉一颗钉子。第一天,小男孩一共在栅栏上钉了37颗钉子。

随着时间的流逝,小男孩每天在栅栏上钉钉子的数量逐渐减少了。他发现,控制自己的坏脾气比往栅栏上钉钉子容易得多。终于有一天,小男孩没有往栅栏上钉一颗钉子。他高兴极了,把这个进步告诉了父亲。父亲笑着说:"如果你能坚持一整天不发脾气,就从栅栏上拔下一颗钉子。"经过一段时间,小男孩终于把栅栏上所有的钉子都拔掉了。

父亲拉着他的手来到栅栏边,对他说:"孩子,你做得很好。但是你看,那些钉子在栅栏上留下了这么多小孔,即便钉子都被拔掉,栅栏也再不是原来的样子了。当你向别人发过脾气之后,你的言语就像这些钉子一样,会在他们的心里留下伤痕,无论你说多少次'对不起',那伤痕都会永远存在。其实,口头上对人们造成的伤害与伤害人们的肉体没有什么两样。"

温馨提示

看问题的方式不同,心情也会不同。我们应该怎样调节自己的情绪呢?

(1)正确归因。看看事情失败的主观原因是什么、客观原因是什么,多吸取经验教训,吃一堑长一智,争取下次再遇到类似的事情时,可以用更好的方法来解决。

(2)不在没有价值的事情上浪费时间和精力。自己的事情,要尽努力去做好;别人的事情,要懂得尊重,学会顺其自然。

(3)转移注意力。当我们心情不好时,可以出去散步或郊游,亲近大自然,放飞自己的心情。

(4)适当宣泄。心情不好时,可以找朋友倾诉,还可以通过运动释放能量,写日记,找个没人的地方大哭一场等。

(5)主动寻求帮助。如果遇到的问题自己解决不了,严重影响自己的身心健康,可以主动寻求专业心理咨询师的援助。

课堂活动

1. 如果你是婷婷,你会如何处理自己与家人的关系?
2. 读完《情绪钉》后,你有什么感受和理解?

探究与体验

1. 当你心情不好的时候,你会采取什么方法来应对这些消极情绪?
2. 如果遇到下面这些情况,你会有什么感受?你会怎样处理这些事情?

"丢了自己心爱的东西"。

"考试成绩不好,被爸爸妈妈骂"。

"好朋友误会了你,并且表示以后再也不跟你说话"。

可以先谈自己的看法和做法,然后征求小组同学的意见。

心理家园

向快乐与幸福出发

我想把自己的脑袋想成一个罐子,天天去捡拾那些能让人笑的小片段,把生活中那点点滴滴的快乐、温暖、愉悦、感动、幸福等,通通装进罐子里,这些可是闪着光的"珍珠"。

千万不要去捡生活中那一地的"鸡毛",失落、难过、眼泪、心酸就无处可去,就会消散得无影无踪了。不是快乐远离你,而是你摆手不理它。

别总惦记自己没有的,多想想自己拥有的。我们都想在学校把学习生活过好,却又频频忘了去细细品尝各种各样的小日常,好好去发现生活里的"珍珠"吧,别捡"鸡毛"啦!

第三篇 生活篇

第五单元　家庭中的我

第十四课　父爱母爱亲情多样化

父母赋予我们生命,哺育我们成长,培育我们成人。父爱如山,母爱如海。然而,面对父母无微不至的关爱,你可能会感到厌烦;面对父母苦口婆心的教诲,你的反应可能只是顶撞。良好的亲子关系对我们的健康成长非常重要。父母的怀抱永远是我们安全的港湾。

还有什么比父母心中蕴藏着的情感更为神圣的呢？父母的心,是最仁慈的法官,是最贴心的朋友,是爱的太阳,它的光焰照耀、温暖着凝聚在我们心灵深处的意向。

——马克思

父母能够给你这个世界上最无私的爱。我们生下来的那一刻,什么都没有,父母给了我们生命,给了我们名字,给了我们关爱,给了我们生活,我们能有今天完全是因为父母的努力。

对孩子来说,父母的慈爱价值在于它比任何情感都更加可靠、值得信赖。儿女小时候,父母教儿女走路,教儿女说话,而儿女长大后,有的使父母感到此生不虚,有的为父母留下了终身遗憾。

我们生活中的点点滴滴,无不浸透着父母的爱。我们成长的每一个脚步,无

心理健康与脑智发展

不凝聚着父母的心血。用心去感受，你就会发现，父母的关爱无微不至，永恒不息。关切的话语、鼓励的微笑是爱，不倦的唠叨、严厉的批评、逆耳的忠告同样是爱！有些爱，我们可以看得见，而更多的爱，需要我们用心去感悟！

父母是爱我们的。我们要相信父母、理解父母，与父母沟通时要注意态度，心平气和地与父母交流，听父母的教诲，这样我们才能获取更多的生活经验。

我们能健康快乐地成长是父母最大的心愿。记住父母的叮咛与教诲，走正确的路，让父母少一点担心，多一点放心，是我们对父母最好的回报！

资料卡片一

中考过后，因为成绩不太理想，爸爸妈妈就一直在外面奔波，想看看能不能给我找到一个高中。看到爸爸妈妈这么辛苦，我就想给他们做顿饭，让他们高兴一下。正当我在厨房忙活的时候，爸爸妈妈回来了，一看到我，爸爸就说："你在厨房做什么，这是你该干的事情吗？什么都不会，还整得乱七八糟，有这闲工夫，怎么不去多看会书，怪不得成绩这么差，连个高中也考不上！"

我看着手中切了一半的菜，心里委屈极了，眼泪流了出来。对于学习，我真的已经尽力了，可书上的那些题目，对于我来说真的太难了。我喜欢做饭，喜欢看美食节目，看到一样样普通的食材，通过名厨的手艺，变成一道道精美的饭菜，我也想成为名厨那样的人。可是这些话我不敢和爸爸说，他认为只有好好学习，考上高中和好的大学，才是正确的出路。我这样的想法，对于他来说，简直就是大逆不道！

妈妈看到我的泪水，也和爸爸吵了起来："他愿意学习不好吗？孩子也够努力了，他喜欢做饭就让他做嘛。"可是爸爸却说："做饭能有出息吗？不考上大学，将来能做什么？出去要饭都没人给！"

后来，爸爸妈妈带我去做了脑象测评，结果显示，我的左前脑区分值不高，深度学习能力并不强，但是我的右前脑区和左后脑区分值很高，创新能力强，动手能力强，很适合做厨师。老师还举了很多世界名厨的例子，爸爸妈妈也认识到了我的优势，答应让我去职业学校学习我热爱的厨师专业。

"父爱如山,母爱似海"。儿时,母亲温暖的臂弯,常常把我们搂在怀里;父亲伟岸的身躯,常常帮我们遮风挡雨。如今,年轻的我们,时常感到烦躁不安。其实,父母始终在努力构建美好的天地让我们走进。让我们走近父母,体会这份爱子深情。让我们走近父母,知道如何去尽那份反哺之情。

资料卡片二

游子吟
唐·孟郊
慈母手中线,
游子身上衣。
临行密密缝,
意恐迟迟归。
谁言寸草心,
报得三春晖。

温馨提示

如何与父母建立良好的亲子关系呢?

(1)理解和尊重父母。父母是给予我们生命并养育我们的人,他们无私地为我们提供物质和精神上的支持,我们应该尊重他们、孝敬他们。

(2)关心父母。父母也是普通人,他们也需要我们的关心。当父母工作繁忙的时候,我们可以帮忙做些家务,减轻他们的负担;当父母情绪低落的时候,我们可以多给他们一些安慰和关爱。

(3)与父母建立起相互信任的关系。这是我们与父母相互理解的前提,要改善与父母的关系,必须做到相互信任。

(4)采用有效的沟通方式。除了跟父母面对面的交流,我们还可以采取写信、打电话或微信的方式进行沟通。

课堂活动

认真回忆并记录一件父母最令你感动的事,说说这件事为什么令你感动。

你最令父母欣慰的一件事是什么?

情景回忆:

你是否有过向父母保证只玩一个小时的手机,一打开却玩了几小时的经历?

你是否有过答应父母出去玩一小时,结果一出去就忘了回家时间的经历?

你是否有过为了满足眼前的需要,不管自己能否做到,父母提什么要求都答应的经历?

你是否在答应父母某些事情之前,根本就没考虑过自己能否做到?

你是否经常在小事上对父母撒谎?

你是否经常对父母痛表决心要做到某事,结果一转身就把自己的话忘了?

结合自己的实际情况,请认真思考:父母为什么对你严加管教?父母为什么有时不相信你说的话?父母为什么爱对你唠叨?问一下自己:我在父母面前有信誉吗?

最好能把你的思考和想法与父母分享。

探究与体验

1.许多青少年嘴上常挂着一句话:"父母已经跟不上时代了,不能理解我们,也不了解现在的孩子。"当你这样说的时候,你可曾想过,你理解父母吗?你又了解他们多少?请你依次回答下面的问题,看自己有哪些回答不上来;对能回答上来的问题,事后询问父母是否正确。

父母最爱看的电视节目:

父母最爱吃的水果:

父母的爱好:

父母最高兴的事:

父母最担心的事:

父母是怎样相识的：

父母童年的一些主要经历：

父母童年玩过的玩具：

父母童年时期喜欢过年吗？原因是：

你对父母了解吗？

做完题后，你有什么感受？

2.亲爱的同学，你可曾知道，烦躁的我们，在父母那里能得到抚平伤口的关切；逆反的我们，在父母那里能找到摆脱困境的良方；失意的我们，在父母那里能感到安全与慰藉。父母是我们成长过程中最亲密的朋友。你都采用过哪些方式与父母进行沟通呢？你是否有一些事情想跟父母说，但是又不知如何当面开口？那么，请你给父母写封信吧，写出你心中最想对父母说的话。

心理家园

聊聊我们的父爱母爱

我像一辆小汽车，爸爸以他最特别的燃料——父爱，为我增添能量。

母爱有温柔的语言，也有没完没了的唠叨。

父爱是爸爸额头上的汗水，为家庭生活在农田、在工地……劳作。

母爱是一盘饺子，是一道家乡的美味菜肴。

父爱是沉稳，是外表的波澜不惊，但内心却激流涌动。

母爱是妈妈温暖的怀抱和妈妈眼里闪动的泪花。

父爱有严肃的批评，也有关于做人哲学的交谈。

母爱有教我做家务，也有教我学持家。

我爱父母，感恩父母。

第十五课　家庭的和谐幸福与你相关

家庭是在婚姻和血缘关系的基础上,以夫妻、子女为基本成员的共同生活体,是社会的细胞。家庭是最基本的社会群体,是人类最基本最重要的一种制度和群体形式。

家庭是幸福生活的基石,尊重是良好家庭关系的基石。尊重包括对他人人格的尊重,也包括对他人劳动的尊重。

没有国家繁荣发展,就没有家庭幸福美满。同样,没有千千万万家庭幸福美满,就没有国家繁荣发展。

——习近平

家庭和谐幸福的四个基础:

第一是爱自己。每个家庭成员都要把自己放在第一位,因为一个人只有懂得自爱,才能爱别人;

第二是夫妻相爱。良好的夫妻关系是良好的亲子关系的基础,是家庭和谐幸福的基础,同样是孩子长大处理各种关系的榜样。

第三是亲子关系融洽。良好的亲子关系应该是双向的关爱和付出,因为这样可以培养出孩子对父母的感恩心态,也可以避免把孩子放在第一位而引起孩子以自我为中心的自私心态。

第四是孝敬长辈。在亲缘关系中,如何处理自己与长辈之间的关系,对于每个人来说都是一种考验。晚辈对待长辈,应当以敬重为先。长辈是人类的智者。长辈所拥有的丰富的人生阅历,是一笔极其宝贵的财富。作为晚辈,一定要利用一切机会虚心向长辈求教,以便开阔视野、增长才干。

资料卡片一

高职学生如何与父母相处

1. 帮助父母做家务。理解父母抚养我们的不易。我们正处于意气风发、精力旺盛的年龄,许多父母颇费心思或体力要做的某件事对于我们来说却是举手之劳,比如手机上网或者搬运东西等。日常生活劳动包括清洁与卫生、整理与收纳、烹饪与营养、家用器具使用与维护等,常做这些日常家务可以培养我们的责任心、归纳能力、动手能力、解决问题的能力等,同时也有助于脑功能的发展。帮父母分担一些家务,不仅能体现自己的孝顺,从而增强自豪感,还能让父母开心。

2. 常回家看看。我们十几年都在父母身边,突然离开,他们难免会不习惯,甚至很失落。所以,在假期的时候,要多陪陪父母,如果不能回去,也可以采取打电话、视频等方式,和父母交流学校生活的趣事等。

3. 尊重理解父母。和父母相处,要发自内心地尊重父母。父母是长辈,注意自己说话的语气,掌握分寸。就算是父母错了,也不能直接大吼大叫,要心平气和地沟通。换位思考,多点理解,在营造良好家庭氛围的同时也可以为自己解压。

4. 掌握好自己的花销节奏。在家与在学校不一样,在家吃穿用度家中都可以提供,自己用钱的地方很少,而在学校花销比较多。不要和别人攀比,尽量减少不必要的花销。遇事要向父母说明原因,不要什么事都瞒着父母。

每个人都在为生活奔波,压力来自学习、工作等。如果得不到家庭成员的关怀和理解,则压力就会成为破坏家庭和谐美满的重要因素。"家和万事兴",只有家庭和谐,所有家庭成员齐心合力,承担好自己在家庭中的每个角色,才能使家庭生活幸福美满。

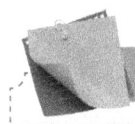
资料卡片二

2021年中考结束,成绩放榜。张可父母看到成绩万分震惊,怀疑是看错了,这个一直以来听话乖巧，成绩优异的孩子怎么成绩如此糟糕呢？无论父母如何询问，张可就是不说话。张可的父母去找学校，老师说："张可的成绩初二开始就在下滑，也请你们家长配合过，但是你们实在太忙了，总是说，张可是好孩子，问题不大，相信孩子。现在她考得不好，你们肯定是有一定原因的。"张可的父母不这样认为，他们觉得老师是在推卸责任。在和孩子无论如何都没法沟通的情况下，父母决定求助专家，带着孩子做了脑象测评。从张可的脑象图来看，其右后脑和左前脑功能区得分非常高，右前脑也相对不错，整体脑力指数也很高，应该是人群中比较聪明的孩子。这样的孩子，一般而言成绩都不会太差。那么是什么原因导致她中考失利呢？

老师认真地看完张可的脑象图后说："张可是个聪明的孩子，以前成绩也不错，但是现在她情绪相对低落，内心不够自信，肯定是受到了外界环境的影响，家庭是重要的影响因素，是不是你们夫妻关系不够好，经常吵架呢？"

张可的父母很是惊讶，张可的妈妈说："我们都是尽量不当着张可的面吵的。"老师说："你们关系不和谐，不仅仅只是吵架的事情。你们的表现孩子是能感受到的，尤其张可是一个观察力很强的孩子，心思细腻且敏感，你们的关系她心里很清楚，她明白你们的伪装，更是感受到了压力。她为你们难过，但更多的是怀疑因为她而让你们的关系不好。她内心负疚，疑虑重重，成绩怎么可能不下滑呢？"

在老师的耐心引导下，张可的父母终于意识到了他们的错误，表示夫妻之间要好好沟通交流，也要和张可好好谈谈，让张可不要有心理负担。之后张可看到父母紧张的关系得到了缓解，整个人也开朗了许多，成绩也自然提高了很多。

童年时候，家是我们的保护伞；年少时，家是我们的炼钢炉；离家后，家是我们不变的牵挂。与家人共建和谐的家庭生活是我们的义务，同时也会给我们带来快乐幸福的生活。

俗话说"家和万事兴"，和谐的家庭能给每一个家庭成员带来温暖，带来快

乐,带来健康,带来智慧。促进家庭和睦是每一个家庭成员的责任。

 **课堂活动**

1. 和同桌交流你的家庭是什么样的。
2. 角色扮演做完脑象测评以后,张可一家的新表现。

探究与体验

1. 回家后,主动做一些力所能及的家务劳动,体验父母的辛劳。
2. 当你和父母有冲突后,你会怎么办?

 **心理家园**

劳动创造智慧 劳动创造美好家庭

父母的辛勤工作(劳动)创造了美好的家庭生活。感恩父母,大家也要学做家务,分担家庭责任。在做家务的过程中我能体会到父母的辛苦。刚开始做家务会笨手笨脚,做多了,手脚灵活,脑子也反应快了,原来"心灵手巧"就是这样来的,劳动的快乐油然而生。

看过一份资料,有某研究团队做了以下实验:固定一部分学生在家里学做

心理健康与脑智发展

饭,再固定另一部分学生不学做饭,几年下来,做饭的学生们的学习成绩,比不做饭的学生们的学习成绩明显高出许多!

也就是说,劳动可以创造大脑或提升脑智。人类在长期的劳动中与自然环境斗争,人们之间相互配合,在这样的多元探索中,人类锻炼出快速应答能力和手眼脑的配合能力。劳动创造了人类和文明,也创造了美好生活。北京人的脑容量要比类人猿的大很多,这就是他们在不断的劳动过程中持续用脑的结果。

第十六课　心怀感恩之心

　　生活中处处都存在令我们感恩的人和事,譬如父母、生活、岁月、社会、自然、对手等。懂得感恩,我们的心灵就会纯净;懂得感恩,我们的胸怀就会宽广;懂得感恩,我们的爱心就会增多;懂得感恩,我们对幸福的理解就会更加丰富;懂得感恩,我们为人处世就会更加豁达。

　　　　人家帮我,永志不忘;我帮人家,莫记心上。

　　　　　　　　　　　　　　　　　　——华罗庚

　　感恩是积极向上的思考和谦卑的态度,感恩是自发性的行为。当一个人懂得感恩时,便会将感恩化作一种充满爱意的行动,实践于生活中。一颗感恩的心,就是一粒和平的种子,因为感恩不是简单的报恩,它是责任、自立、自尊和追求阳光人生的精神境界。

　　从成长的角度来看,心理学家们普遍认同这样一个规律:心态改变,态度就跟着改变;态度改变,习惯就跟着改变;习惯改变,性格就跟着改变;性格改变,人生就跟着改变。愿感恩的心改变我们的态度,愿诚恳的态度带动我们的习惯,愿良好的习惯升华我们的性格,愿健康的性格促使我们收获美丽的人生与和谐的环境!

　　感恩,是人生最大的智慧;感恩,是人性的一大美德。常怀感恩之心,我们便会感受到家庭的幸福和生活的快乐。在感恩的世界里,我们还要时时提醒自己:滴水之恩,当涌泉相报。

资料卡片一

　　汉文帝刘恒,汉高祖第四子,为薄太后所生,高后八年(前180年)即帝位。他以仁孝之名闻于天下,侍奉母亲从不懈怠。母亲卧病三年,他常常目不交睫,衣不解带；母亲所服的汤药，他亲口尝过后才放心让母亲服用。他在位24年，重德治，兴礼仪，注意发展农业，使西汉社会稳定，人丁兴旺，经济得到恢复和发展，他与汉景帝的统治时期被誉为"文景之治"。

　　生活需要感恩，才能让爱生爱。

　　感恩是一种生活态度，每个人都应该学会感恩。一个人从呱呱坠地起，就已经开始享受他人赋予的一切成果了。生活中，我们每天享受清洁的环境，要感谢那些保洁工作者；我们喜迁新居，要感谢那些建筑工人；我们日常饮食，要感谢农民伯伯；我们出行，要感谢司机；我们读一本好书，要感谢作者。正如《感谢》中所讲的："感谢朝霞捧出了黎明，感谢春光融化了冰雪，感谢大地哺育了生灵，感谢母亲赐予我生命……"所有这些，我们都应感谢。

　　感恩是一种品德。感恩渗透于我们的日常生活和为人处世中，作为一种品德，感恩对我们来说尤其重要。我们要学会感恩，尊重他人，对他人的帮助时时怀有感激之心。感恩使我们知道每个人都在享受着因别人的付出而带来的快乐生活。当我们感谢他人的善行时，第一反应常常是今后自己也要这样做，我们从爱别人、帮助别人的过程中得到了更多的幸福和快乐。

　　感恩是一种善于发现美并欣赏美的道德情操。看看孩子们写给妈妈的感谢信吧："路边的野花开得真漂亮。""昨天吃的饼很香。""昨天妈妈给我讲了一个很有趣的故事。"内容非常简单，记录的却是幼小心灵感知到的幸福生活的点点滴滴。他们可能还不知道什么是"滴水之恩当涌泉相报"，只是不由自主地对每一件美好事物都表达谢意，对许多我们认为理所当然的事怀有一颗感恩的心。人生不如意之事常八九，怀着感恩之心生活，善于发现事物的美好，我们就能以坦荡的心境、开阔的胸怀来应对生活中的酸甜苦辣，让原本平淡的生活焕发出迷人的光彩！

 **资料卡片二**

　　玻璃大王曹德旺，向中国捐款200多亿元，还直言自己赚的钱，要在临终前全部回馈给社会。

曹德旺被誉为"中国首善",他出生于1946年,童年生活很苦,一日三餐都不能保证,无奈辍学,跟父亲到处赚钱补贴家用。他修过自行车,做过厨师,还卖过水果,只要能赚钱的工作他都愿意干。没日没夜的工作,并没有让他觉得辛苦,让全家能过上好日子是他的动力!

曹德旺30多岁时接手了一个濒临倒闭的玻璃厂,他经营了几个月就转亏为盈。后来他发现我国汽车玻璃依赖进口,价格昂贵,被欧美卡脖子,就暗下决心:要造出中国自己的汽车玻璃!

在经历无数次失败后,中国第一块汽车玻璃诞生了。曹德旺研制生产的玻璃,成本比进口玻璃低很多,性能各方面却更胜一筹,至此使中国的汽车玻璃走向了世界!

曹德旺功成名就后还不忘初心,为家乡修路盖房,救助病患者,向灾区捐款,花百亿元捐建科技大学……很多慈善项目都有他的身影!

曹德旺表示对祖国要感激,并且他还认为将现有的财富和社会共享才是应该的,赚钱的同时也意味着要承担更大的责任。

感恩是生活中的大智能,是一种不忘他人恩情的情感,要常怀感恩之心。感恩并不仅仅是为了报恩,要怀着一颗感恩的心去面对生活,去看待生活中的种种,只要心怀感恩,人生就会过得幸福而充实。怀着一颗感恩的心去看待社会,看待父母,看待亲朋,你将会发现自己是多么快乐。学会感恩,这会使世界更美好,使生活更加充实。

爱是阳光,爱是雨露。

爱让我们幸福,爱让我们感到快乐。

有一种爱感天动地,有一种情恩重如山。

父母的心愿,老师的关怀,朋友的祝福,

汇聚成了世界上最美妙的音乐——感恩的心。

心理健康与脑智发展

课堂活动

1. 和同桌互相讨论：你最想感谢谁，为什么？
2. 讲讲在此次新冠疫情期间，你看到的关于感恩的事例。

探究与体验

1. 一个小女孩哭着让妈妈给自己买新鞋子，直到她看见了一个没有脚的小女孩。

2. 大将韩信在未得志时，生活很是窘迫，时常饿肚子。一位在河边洗衣做工的老妇人可怜他，虽然自己也只能勉强糊口，但还是经常接济他，不求任何回报。后来韩信成为名将，不忘这位老妇人的恩惠，便备了好酒好菜，还有一千两黄金以表感恩之情。

认真想一想上面的两个故事，你在现实生活中有没有发现类似的事情？用你善于发现的眼睛捕捉并记录下来，和同学分享。

心理家园

脑象测评是了解自己的大脑说明书

家里的各种家电、汽车都有说明书。你看过自己的大脑说明书吗？

很遗憾，没有。我曾做过性格等量表测评。

我做过价值观的量表测评。但是量表测评，填写许多问题，出来一个结果，主观判断多，不够客观。

心理健康与脑智发展

第六单元　社会、学校中的我

第十七课　同学是一笔财富

亲爱的同学们,是你们使我的青春更加朝气蓬勃,是你们使我的人生旅途更加丰富多彩,是你们使我的生命之舟更加平稳前行……衷心感谢你们,我的同学,感谢你们给予我的欣赏、支持和帮助,感谢你们给予我的关爱、友情和理解!风雨人生路,同学情谊,是青春岁月的一笔精神财富。

友谊总需要用忠诚去播种,用热情去灌溉,用原则去培养,用谅解去护理。

——马克思

 **资料卡片一**

丽丽是高职二年级的学生,她学习刻苦,成绩优秀,是老师眼中的好学生,但同学们却不喜欢和她一起玩,同宿舍的同学一起吃饭、玩耍也不叫她,时间长了,她的性格越来越孤僻内向,总是独来独往。

因为没有好朋友,丽丽有心事也没法和别人诉说,心情不好,上课也容易分心,丽丽的学习成绩也开始慢慢下滑。期中考试,成绩竟然下降了20名,甚至还有一门不及格。丽丽看到自己的成绩单时,简直不敢相信自己的眼睛!她伤心地去找老师,请求老师的帮助。

在老师的推荐下丽丽做了脑象测评,结果发现丽丽的学习能力特别强,记忆力也好,自控能力也不错,但是,丽丽的性格特别执拗,倾听能力弱,听不进去别人的意见,总是觉得自己是对的。

例如,有一次一个同学问她数学题,对于丽丽来说这道题很简单,可是这个同学学习基础差,丽丽不耐烦地说:"这种题都不会!"她给同学讲解题目时还特别快,同学根本就听不懂。这样的例子还有很多,慢慢地,大家都不喜欢和她一起玩了。

在老师的引导下,丽丽知道了自己的问题所在,也意识到了同学之情的重要性,从那以后,丽丽改变了很多,她虚心听取别人的意见,主动帮助同学,同学看到丽丽的改变,也开始接纳丽丽,慢慢地,丽丽不但学习成绩上来了,还拥有了真心诚意的朋友!

我们该怎样与同学或朋友相处呢?

(1)用理解开启心灵。理解是相互的,不理解别人的人也很难被别人理解。相互理解不是一句空话,而是存在于点点滴滴、实实在在的小事中。

(2)用平等获得尊重。事事大一统,步调永远协调一致是不可能的。尊重别人,别人也会尊重你。如果因为一点分歧和成见便和别人发生摩擦、冲突,就永远不可能拥有真正的朋友。

(3)用宽容化解矛盾。宽容不是纵容,更不是毫无原则地姑息迁就。如果在原则问题上真的无法和朋友沟通、调和,那么即使付出失去朋友的代价,也不能放弃原则。

(4)用互助增进友谊。我们应学会换位思考,多站在对方的立场上考虑问题,树立团队合作意识。只有这样,才能更好地与同学和朋友相处,建立和谐的人际关系。

学生交往中常见的心理问题

1. 自恋与自卑

自恋是个体对于自身过分自信、过分自满的一种自我陶醉的心理状态。自卑的人往往由于自我评价过低,在与同伴交往的过程中处于被动状态。

自恋或自卑的人在交往中,因为缺乏对自己的正确评价,将自己估计得过高

心理健康与脑智发展

或过低,容易产生妄自尊大或妄自菲薄的心理状态。

2. 小圈子

在心理与生理快速发展的过程中,因为兴趣、性格、行为习惯、生活背景、态度等方面的相似性而容易形成小圈子。

小圈子交往会给圈内人带来封闭心理,通常他们只与固定的几个人交往,接触面的狭窄使其与其他人之间的关系趋于冷淡或紧张,这对良好个性的培养或更为广泛的人际交往是极其不利的。

3. 社交焦虑

社交焦虑是个体由于害怕外界的消极评价而对社交产生不舒服的、恐惧的情绪,以及在社交情境中表现出退缩、回避的行为。

社交焦虑与内向不同。内向的人是安静、保守的,不会过度放大外界的批评,也不易受到外界评价的影响。而社交焦虑的人则会感受到趋避冲突的困扰,他们既想和别人接触和交流,又担心别人会对自己做出负面评价。

资料卡片二

要想建立良好的同伴关系,首先要从认知层面上克服人际知觉中的主观偏见。这些主观偏见主要有如下几种。

1. 首因效应。

首因效应又叫第一印象,是指人们初次相见时产生的印象。学生要学会利用首因效应,力争给人留下好的印象,使同伴愿意和自己接触,为形成和保持好的人际关系奠定坚实的基础。

2. 光环效应。

光环效应是指人们在人际交往中形成的一种"扩大化"了的社会印象。光环效应在很大程度上只是一种主观臆测,因而不可避免地会造成"以偏概全"的错误。中学生了解光环效应,有助于他们在人际交往中看淡同伴的偏见,从而进一步发展同伴间的人际交往。

3. 刻板印象。

刻板印象是指在人际交往中,人们把他人笼统地划归为固定的、概括的类型来加以认知的现象。不要根据刻板印象来认识同伴,要学会在交往过程中对同伴做具体分析,既要看到同伴的优点,又要看到其缺点,更要看到同伴都是发展变化的,应该辩证地、发展地看待同伴。

除上述几种心理偏见外,学生还要克服近因效应、投射作用等对人际交往的不利影响。

人生的情感有亲情、友情、爱情,其中友情中,最纯不过同学情。在同学情当中,有的发展成了爱情,延续成了亲情。

人的一生中,同学情将伴随终生,是一生中的财富,是每个人经过身心交流、情感交融得来的情谊……多年后,无论世事如何改变,无论经过多少风雨,也许在天之涯,也许在海之角,也许在同城中,也许在他乡地,永远不变的是同学情。

掌握人际交往的技巧:

1. 掌握谈话的技巧

在和同伴谈话时要学会精心选择话题,如可以采用投石问路法、循趣入题法、即兴引入法等等。

2. 学会聆听的技巧

有一句谚语,"用十秒钟的时间讲,用十分钟的时间听"。

在人际交往中,倾听起着很重要的作用。认真倾听是对别人的一种尊重,倾听能加深自己对他人情绪与行为的理解,增进彼此的信赖。

3. 恰当地运用非语言沟通

非语言沟通是指交往双方运用非语言媒介进行沟通,它包括动作、表情、目光等沟通方式。人的面部表情与姿势变化,有时比语言更能表达情谊。

 课堂活动

1. 想一想自己在人际交往中都有哪些困惑,和小组同学讨论应该怎样解

决这些问题。

2. 两个同学为一个小组,活动开始时,A 同学静静地听 B 同学讲话,但在 B 同学讲话的过程中,A 同学要适时地稍微摇摇头或撇撇嘴。记住,这时 A 同学不可开口说话,摇头或撇嘴时也不要太夸张,自然一些即可。请 A 同学观察一下 B 同学的反应。过一段时间后,A 同学再适时地点点头或向 B 同学微笑,动作幅度也可稍大一些。此时 A 同学再观察一下 B 同学的反应。然后 A 和 B 互换角色,活动重新进行一次。

当我摇头或撇嘴时,说话者:

当我点头或微笑时,说话者:

探究与体验

情境分析:

情境一:当你在背后说同学坏话的时候,你有什么感受?当你得知别人在背后说你坏话的时候,你又有什么感受?

情境二:当你帮助同学的时候,你有什么感受?当你被同学帮助的时候,你又有什么感受?

情境三:当你被别人误解的时候,你有什么感受?你又会怎么办呢?

集思广益:

我们在与同学交往中,有时会出现一些交往障碍。引起交往障碍的主要原因有:①不良的个性心理品质,如以自我为中心、自卑、妒忌、猜疑、偏激、报复心强等;②个人能力方面的缺陷,如言语表达能力差、缺乏交往技巧等;③曾有过交往失败的经历,缺乏人际信任;④找不到共同语言。

结合自己和身边同学的实际情况,你认为还有哪些原因会造成交往障碍?针对这些原因的解决方法有哪些?请分小组讨论自己在这四个方面的具体情况,每组推选一人在班级中汇报本组的讨论结果。

心理家园

想一想,你经常有不良情绪吗?

小时候我们都玩过捉迷藏的游戏。这个游戏东西方是统一的,没有任何一点差异,全世界所有的人种,小时候都这样玩。这就是人的本能游戏,因为人类自古以来就有狩猎的本性、捕捉的本性、捉迷藏的本性,这是人类与生俱来的。

我们捉迷藏或玩其他游戏,活动够了,累了,回到家,妈妈做好了饭,吃完饭后开始学习。这时候你不会有任何厌恶,你会把家作为一个真正的修养身心的场所,学习起来大脑中枢神经足够兴奋、足够活跃,学习也是愉快的。

可现在的我们,从早到晚几乎一直在学习,身体没有任何活动,大脑中枢神经怎么能够达到兴奋的状态呢?所以你必然会产生很多情绪的困扰,甚至会产生很多暴躁的两极化的情绪。

无论是暴躁、愤怒情绪,还是没精神、抑郁情绪,都应该宣泄出来。想一想,你是不是这样做的?

第十八课　老师是教授知识的人

每个人的成长都离不开老师。老师,是我们前进道路上的启明灯;老师,为我们的健康成长导航。你可能十分关注你的同学,但你是否关注过自己的老师?每个同学都希望得到老师的帮助、重视和关爱,那么,我们如何走近老师,学会与老师交流与沟通呢?

自古以来,中华民族就有尊师重教、崇智尚学的优良传统,正所谓"国将兴,必贵师而重傅;贵师而重傅,则法度存"。

——习近平

资料卡片一

小明在初中时成绩不错,老师都很喜欢他。到了初三,家庭变故导致他中考失利,他最终上了中职院校。

在学校里,小明很讲义气,有一帮好哥们,但是他下课时就在教室打闹玩耍,上课也不认真听讲。小明最讨厌的是数学老师,因为数学老师特别偏爱学习成绩好的同学,而对学习成绩不好的学生,尤其是小明,特别严厉,不仅经常吵骂,还经常有罚站等体罚,甚至动不动就罚他们抄卷子或者概念等。

在一次数学课上,小明小动作特别多,还和周围的同学说话,影响了老师上课。老师很生气,罚小明站在后面,小明不服气,和老师吵了起来,这堂课也没法上了。后来班主任让小明把家长叫来,说了一下小明在班里的情况,并且推荐小明做脑象测评。

测评结果显示:小明的学习能力很强,人际交往能力也强,但异向思维高,对喜欢的人特别好,对于不喜欢的人,比如说数学老师,就总是和其对着干。

班主任开导小明说:"老师是传授知识的人,人无完人,任何人都有缺点,但是不能用他人的缺点去惩罚自己,不听老师讲课,对于老师来说没有什么损失,但是对于学生来说,成绩下降,损失就大了。虽然数学老师脾气不好,但是他的教学能力很强,认真听他的课,你会发现数学原来这么有趣,而且你的学习能力这么强,学好数学没有任何问题,相信你的数学成绩会很快提高的。"小明听了班主任的话,也意识到了自己的错误,向数学老师道歉,并保证以后认真听课,不再捣乱。

数学老师冷静下来后,也认真反思了自己的行为,从那以后也改变了很多,让小明担任数学课代表,对待学生一视同仁,不搞特殊化,并且取消了体罚,开展了一系列生动有趣的数学活动。年底的时候,全班同学的数学成绩都提高了不少,小明更是取得了第一名,数学老师还被评为这一学期的优秀老师。

我们应该怎样与老师交往呢?

首先,正确认识师生关系。许多老师热爱教育事业,关爱我们,能正确地对待我们,按我们的认知特点进行教育和教学。正确的师生关系是相互平等、尊重、理解的关系。

其次,掌握与老师交往的方法。与老师沟通和交流的方法有:

(1) 不管遇到什么事情,面对老师都要坦诚地说出自己的观点与感受,让老师了解真实的自己。

(2) 在有些问题上要把握和老师谈话的时机。比如,学习之外的私人问题可以在下课后找老师面谈或给老师写信。

(3) 主动与老师交流。

(4) 不强求老师对自己格外关注。

(5) 学会"冷"处理:以平和的心态面对老师的表扬和批评,不因老师的批评而懊恼,也不必因老师的表扬而沾沾自喜。

(6) 如果老师在课堂教学过程中出现知识性错误,最好以委婉的方式提出来。

资料卡片二

人与人之间的交往是相互的,我们要积极主动地建立良好的师生关系,使

老师成为我们的良师益友。与老师出现对立、争执和冲突时,可以试试以下方法:

  A. 停止争辩,保持冷静,让情绪"降温";

  B. 反省自己,查找自身原因;

  C. 陈述事实,让老师明了情况,取得老师的理解;

  D. 请他人帮助分析,寻找解决办法;

  E. 寻找时机,真诚地与老师交换意见,化解矛盾与冲突。

资料卡片三

师生关系中应遵循的准则

  师生关系,应当是一种民主、平等的关系。在这一基础上,我们必须遵循以下三大准则:

  第一,平等。平等意味着两个层面,一方面你完全没有必要畏惧自己的老师,另一方面你也不能轻视老师付出的劳动。平等的原则适用于任何人际关系,在步入社会以后,面对领导、同事的时候,也必须有一个前提:我们在人格上是平等的。

  第二,尊敬。"一日为师,终身为父",我们之所以必须尊敬老师,一方面是因为老师是人类灵魂的工程师,职业高尚;另一方面,尊敬他人、尊敬长辈是我们的传统美德,我们要继承并发扬这种美德。

  第三,理解。老师是普通人,也会犯错误,在课堂上讲错题,批评过于严厉,对学生有偏心,等等现象都可能出现。当老师犯错误时,我们要学会换位思考,站在老师的立场上去想一想。当然,也不排除极个别的老师出现原则性错误,甚至触犯法律,这时你就应该向其他老师、学校领导或者是家长寻求保护。

  如何做一个让老师喜欢的学生?

  第一,真诚坦率,不撒谎;

第二,开朗乐观,有童心;

第三,遇事能够为别人着想,不自私;

第四,有错就痛痛快快地说"我错了",不狡辩,不抵赖;

第五,有爱心,热爱天地间的一切生命;

第六,喜欢主动接近老师,帮忙做些力所能及的事;

第七,能真诚地理解老师的甘苦,关心老师,体贴老师。

课堂活动

下面是10道问题,请你根据实际情况如实回答,检查一下自己做得如何,如选项中没有符合自己的做法可自行填写。

1. 平时进入老师办公室时,我通常:( )。

    A. 先喊"报告",老师说"请进"时再进去

    B. 直接推门进去

2. 遇见老师时,通常我会主动向老师问好的有:( )。

    A. 现在我们的任课老师,特别是班主任和主课老师

    B. 所有教过我们的老师,甚至包括虽未教过我们,但在我们学校任教的老师

3. 当我们几个同学在一起聊天或玩耍时,若老师走过来,我通常:( )。

    A. 暂时停止聊天或玩耍,向老师问好,待老师回应或走过去后再继续

    B. 只要老师没有表示要我们停止,我们就继续,但我会向老师示意

4. 我在课外和老师聊天时:( )。

    A. 可以像知心朋友一样无所不谈,如老师的家庭或个人的一些私事等

    B. 毕竟不能像同学之间一样,只能与老师谈论学习、人生、事业等严肃的话题

5. 在课堂上讨论问题,当自己的观点与老师的观点发生冲突时,我通常:( )

    A. 和老师据理力争,坚持到底,在争论中提高认识、达到统一

    B. 记住老师的观点,认真平静地提出自己的观点,课后找个合适的时间与老师讨论清楚

6. 我平时向老师提问时:( )。

    A. 经过自己反复思考,并与同学讨论后仍无法明白,就请教老师

B. 为了节省老师的时间,总是积累几个问题再问,或者只要老师说结果就行了

7. 如果我是一名班干部,我向老师反映情况,应该:( )。
　　A. 真实、及时,这样有利于老师了解情况,减少失误,从而调整教育教学方法
　　B. 及时反映对自己最为有利的情况,努力使自己反映的情况影响老师的一些看法或做法

8. 如果我是一名班干部,我在传达老师的要求时,应该:( )。
　　A. 及时、准确、完整地传达,然后可以谈一下自己的想法
　　B. 经过充分理解后再按自己理解的情况传达,或者在自己认为必要时传达

9. 通常我课后称呼给自己上课的老师为:( )。
　　A. "赵老师""孙老师""张老师"等
　　B. "英语老师""语文老师""化学老师"等

10. 我认为我取得良好学习成绩的主要原因是:( )。
　　A. 良好的班风、学风和校风,个人的努力和天资,老师的精心教育和培养等
　　B. 个人的天资和努力,与老师、学校、班级几乎无关

通过与老师、同学的交流,结合选项,检查一下自己与老师交往过程中的行为有没有不恰当的地方。如果有,你打算怎样改进?

探究与体验

角色扮演:今天我来当老师。

情境一:同学们在下面比较安静,却各做各的事情,如看书、玩手机,就是不关注讲课者。

情境二:同学们在下面非常认真、非常专注地听课,而且频频点头微笑,还不时记笔记。

情境三:同学们在下面不停说话,一会儿说"我要上厕所",一会儿说"某同学又打我",一会儿说"我懂了,你就不要讲了"。

角色扮演后,请同学们认真想一想:

1. 在不同的情境下,作为讲课者,你有什么样的心理感受?

2.如果讲课者是老师,同学们也是同样的表现,老师会怎样想,怎样教?

3.如果遇到自己不感兴趣的课或不喜欢的老师上课时,为了积极配合老师的讲课,你会怎么办?

心理家园

老师、同学是一生的朋友

俗话说:同学情,淳朴、深厚,一辈子同学三辈亲。师生情,尊师爱生,心心相容,尤为珍贵。同学一起学习、一起讨论、一起打球、一起奔跑、一起笑、一起闹,有好吃的同分享,有困难一同帮。

老师授课、讲解,与同学谈心,鼓励同学,和同学一起打球、跑步。老师注视着教室里的每一个学生,他们都是金子,老师最需要做的是发现他们独特的闪光点,让他们朝着自己的理想去努力。传统观念里,是老师在教育学生,但事实上,生命中遇到的每一个学生,也在教育着老师。学生们在用不同的个性提醒老师,老师的教育是一棵树摇动另一棵树,一朵云推动另一朵云,一个灵魂唤醒另一个灵魂。

第十九课　筑起心灵的防护墙

现代社会生活多姿多彩,同时也有来自四面八方的不良诱惑。外面的世界很精彩,外面的世界很无奈!成长中的我们,探索人生,幻想未来,对很多事物都充满了好奇心。然而,我们的分析判断能力还不强,知识储备和社会经验还不够丰富,面对种种不良诱惑时,我们该怎么办呢?

> 近朱者赤,近墨者黑;声和则响清,形正则影直。
>
> ——傅玄

 **资料卡片一**

一天,李越超去参加一个初中同学的生日聚会。这个同学初中没毕业就辍学了,所以,参加聚会的人中也有几个社会上的朋友。他们看见李越超,其中一个给李越超递过来一支烟,还神情诡异地笑着说:"好东西呀,给你尝尝。"李越超已经是中等职业学校二年级的学生了,他曾经听说过毒品,知道这个东西一旦吸上,就难以自控了。现在,看着同学的朋友诡异的笑,他猜想这支烟可能有蹊跷,说不定就是毒品。想到这里,李越超觉得有点害怕,没想到这样的事情竟然离自己这么近,于是,他果断地拒绝了。可是,看见他们抽得飘飘然的样子,李越超的心里直痒痒,止不住产生了试一试的念头。他心想,毒品又怎么样,就这么一次,我就不信真的能上瘾。正想着,那个人笑容可掬地又把烟递过来了。李越超非常矛盾,他半推半就地接下了这支烟,心里痒得难受。这时,他回想起爸爸对他说过的话:"爸爸相信你,把你当成大人看,给你一定的交友自由,但希望你能够明辨是非,结交良友,面对各种各样的诱惑时,可要多留心呀!"爸爸的话如当头棒喝,他心想:"我不能这样,我要离开这个地方。"于是,他推说有急事逃离了那个是非之地。后来,他的那个初中同学进了戒毒所,李越超用意志和机智挽救了自己。

大千世界纷繁复杂,充斥着形形色色、五花八门的诱惑,几乎每个人都会遇到。我们要有拒绝和战胜不良诱惑的决心和信心。拒绝和战胜不良诱惑的方法:

(1)后果联想抵制诱惑。为了坚定自己拒绝和抵制不良诱惑的决心,我们可以联想接受不良诱惑的严重后果。如联想受到网络游戏、黄色书刊等不良诱惑的后果,因为不能抗拒这些不良诱惑,导致自己荒废了学业,没有掌握从业所需要的专门技术,毕业后就业无门,无法养家糊口等。

(2)请求他人帮助。仅依靠自己的力量,有时很难战胜对自己具有强烈吸引力的不良诱惑。在这种情况下,我们可以请求别人(如父母、老师、同学和朋友)帮助和监督自己,从而坚定自己拒绝和抵制不良诱惑的决心,增强自己拒绝和抵制不良诱惑的毅力。

(3)避开不良诱惑。不要给自己创造接触不良诱惑的机会。如果发现不良诱惑就在身边,可以找理由快速离开现场,摆脱纠缠。

(4)学会拒绝,提高自制能力。当不良诱惑来自朋友时(如身边的朋友赌博时要拉自己入伙),我们可以依靠自制力、智慧和一定的技巧,婉言谢绝朋友的邀请,远离不良诱惑。

资料卡片二

最近一段时间,王某发现年仅8岁的女儿小花有些反常。"我忍不住问了孩子,是不是发生了什么事情。"王某说,女儿坦白,邻居家的哥哥小强把她裤子扒掉,欺负她了。听到女儿这么说,王某非常气愤,到学校找到小强质问。面对"兴师问罪"的王某,小强默认了此事。随即,王某向县公安局报案。

民警对小强讯问后,小强对强奸一事供认不讳,同时也交代了强奸另一邻居家8岁小女孩的行为。原来,今年刚满17岁的小强正在上中专,一次家中无人,小强在家中找东西时,偶然从隐蔽处发现了一张影碟,好奇的小强将影碟放入影碟机内看了起来。看后才知道是一张黄色影碟,为了不让家长发现,小强又细心地将影碟放回原处。看过第一次,影碟中出现的画面不时在小强的脑中浮现。"以后每到家中无人时,我便将影碟偷偷拿出观看。"小强说,有一次看过影碟后,正好看见邻居家的女孩小花,一时冲动,就用零食将小花哄到家中实施了强奸。

后来,小强又偷偷将另一邻居家的小女孩哄到家中实施了强奸。

从此案例可以看出,青少年对性冲动的控制能力弱,要加强相关的法制教育。一项调查统计结果显示,在性犯罪的青少年中,60%以上是黄色网站、书刊等的直接受害者,有30%左右是听他人讲述黄色内容与性行为细节而导致失足的间接受害者。

资料卡片三

艾滋病

艾滋病(AIDS)是一种危害性极大的传染病,由感染艾滋病病毒(HIV)引起。HIV是一种能攻击人体免疫系统的病毒。它将人体免疫系统中最重要的CD4T淋巴细胞作为主要攻击目标,大量破坏该细胞,使人体丧失免疫功能。因此,感染HIV的病人易于感染各种疾病,并发生恶性肿瘤,病死率较高。HIV在人体内的潜伏期平均为8~9年,在艾滋病病毒潜伏期内,感染者可以没有任何症状地生活和工作多年。

传播途径:性接触、血液、母婴传播。

预防措施:

目前尚无预防艾滋病的有效疫苗,因此最重要的是采取预防措施。具体方法是:

1. 坚持洁身自爱,不卖淫、嫖娼,避免高危性行为。
2. 严禁吸毒,不与他人共用注射器。
3. 不要擅自输血和使用血制品,要在医生的指导下使用。
4. 不要借用或共用牙刷、剃须刀、刮脸刀等个人用品。
5. 使用安全套是性生活中最有效的预防性病和艾滋病的措施之一。
6. 要避免直接与艾滋病患者的血液、精液、乳汁接触,切断其传播途径。

网络成瘾

我们生活在经济和科技高速发展的社会,网络已成为人们生活中不可缺少的重要组成部分。完全避开网络是不可能的,也是没有必要的。在使用网络时,我们要学会因势利导,把网络与学习有机结合起来。把网络作为获得知识的途径,不但能减少成瘾的危险,还能因为获取知识体验到成就感和充实感。结合自己或身边同学的例子,仔细想一想有哪些有效的心理调节方法能避免网络成瘾,说出来与大家分享。

美丽的诱惑如同陷阱,有可能会给我们带来终生的遗憾和痛苦。正值人生花季的我们,面对诱惑要把握好自己,用我们的意志、智慧,勇于对不良诱惑说"不"!

1. 讨论:黄色网站、书刊等对青少年的学习和生活有什么危害?想一想,为什么对于青少年,"黄毒"很容易直接诱发性犯罪?
2. 你觉得结交不良朋友对我们的成长有什么消极影响?

探究与体验

抗拒诱惑首先要有长远眼光,告诉自己不可为图一时之快而放弃整个人生。其次还需要一定的意志力,一旦成功克制自己,就会感觉到自己有力量,增强自信心,同时能得到更大的精神满足。最后要掌握一些具体方法:一是加强个体内部调控,二是利用外界力量来监督和制约自己的行为。如想上网可以让父母把网络切断,想看电视可以让父母把遥控器拿走等。

请你根据以上方法,结合实际情况,做一个抗拒诱惑的计划。

心理健康与脑智发展

我的实战计划：

1. 目前对我最具不良诱惑力的是：

2. 这种诱惑的危害是：

3. 为了拒绝这种诱惑，我计划采取的措施是：

其中，内部调控方法是：

外部监督措施是：

4. 本周执行情况记录：

周一：

周二：

周三：

周四：

周五：

周六：

周日：

5. 本周小结：若成功地抗拒了诱惑，就可得到事先约定好的奖励；若未能有效抗拒，则接受一些事前约定好的惩罚。（奖励可以来自外部，如父母答应带自己去看一场电影；也可以自我奖励，如给自己放半天假，开心地去玩。）

6. 约定的奖励方式：

约定的惩罚方式：

计划人签名：

心理家园

"躺平"是什么状态?

网络上有喊着要"躺平"的年轻人,认为"只要我'躺'得够快,资本就剥削不到我"。

"我'躺平'了,你们'卷'吧""'躺平'就是我的智者运动"。部分年轻人抱有如此生活态度,前辈们感到了担忧,认为"躺平"是一种消极的人生态度,是极不负责的……

我们要辩证地看待"躺平"。喊"躺平"的青年其实拥有内在的独立自主性,有自己的想法和主见。如果"躺平"代表一种慢节奏、低欲望的生活状态,更多地表达出自我满足,相对来说是自私的一种表现。但外界却期待他们承担更多的社会义务和责任,"现在年轻人'躺平',国家的未来靠谁?"这就是矛盾所在。

要想"不躺平",就要展望未来、谋划未来,做好自己的职业生涯规划。要想"不躺平",就要珍惜现在。珍惜现在的每一分每一秒,以积极向上的心态把眼前的事情做好做实。

更多的年轻人说"躺平",只是他们的自嘲与解压方式,并不代表真要躺着啥也不干。许多年轻人一面吐槽"躺平"过过嘴瘾,一面努力学习、工作、生活,毫不停歇。

心理健康与脑智发展

年轻人应该始终保持朝气蓬勃、积极向上的状态。疫情期间在党和国家需要的时候,很多年轻人毫不犹豫地站了出来。一大批"90后""00后"医生护士奔赴抗疫一线,不畏艰险;年轻的人民子弟兵坚守在边关哨所,用生命捍卫祖国的领土;"90后"女调度员沉着指挥,保证"天问一号"成功着陆……

第四篇 学习篇

第七单元　学会有效学习

第二十课　学习是在构建自己的脑

学习作为一种获取知识、交流情感的方式,已经成为人们日常生活中不可缺少的一项重要内容,尤其是在 21 世纪这个知识经济时代,自主学习已是人们不断满足自身需要、充实原有知识结构、获取有价值信息,并最终取得成功的法宝。

教育的本质是塑造学生的脑与智能,优质的教育必须尊重学生脑智发育的客观规律。
——2021 全球人工智能与教育大数据大会"脑智发育系列论坛"主题词

在学习任何一项新技能,了解新事物的时候,我们常常不知所措,不知道从哪里入手,不知道规则,对它保持着紧张感,但是随着不断练习,学习就会容易起来。这是因为我们的大脑开始因为新技能而建立新的神经元链接。无论学习什么技能,都要持有良好的心态,这也是在重组大脑。重复建立链接,也会产生有助于神经元链接的化学物质,提升学习效率。当我们掌握了一项技能,大脑也将发生变化。

我们为什么要学习,学习的意义是什么,学习到的知识有什么用处……对这些问题的疑惑常常使学生感到迷茫,从而失去学习动力。所以,学习一项新技能,定下目标,坚持不懈,感觉到紧张是正常的,因为大脑正在努力工作着。

心理健康与脑智发展

　　学习的意义:学习本质上就是构建人的大脑,使学习者能够更好地获得知识、培养技能、产生认知。

　　学习的作用:学习是用来明智、开阔眼界的。学到的某些知识在将来不一定有用,但是学习可以使你思维能力更强,懂得更多的道理,成为一个有积淀有智慧的人。假如没有知识,你看待世界的眼界会不同。

　　学习的过程:学习是通过阅读、听讲、研究、观察、理解、探索、实验、实践等手段获得知识或技能的过程,是使个体脑功能得到持续运作(知识和技能、方法与过程、情感与价值的改善和升华)的行为方式,例如通过学校教育获得知识的过程。

资料卡片一

　　某职专计算机编程专业学生彭宇。第一学期期末,看到成绩单后,他高兴地给为他进行脑象测评的咨询师打电话报喜:"我考了年级第一名,还被选拔为参加竞赛的选手。"

　　彭宇从小学习成绩很好,读到初二时学习成绩开始下降。爸爸以为是他

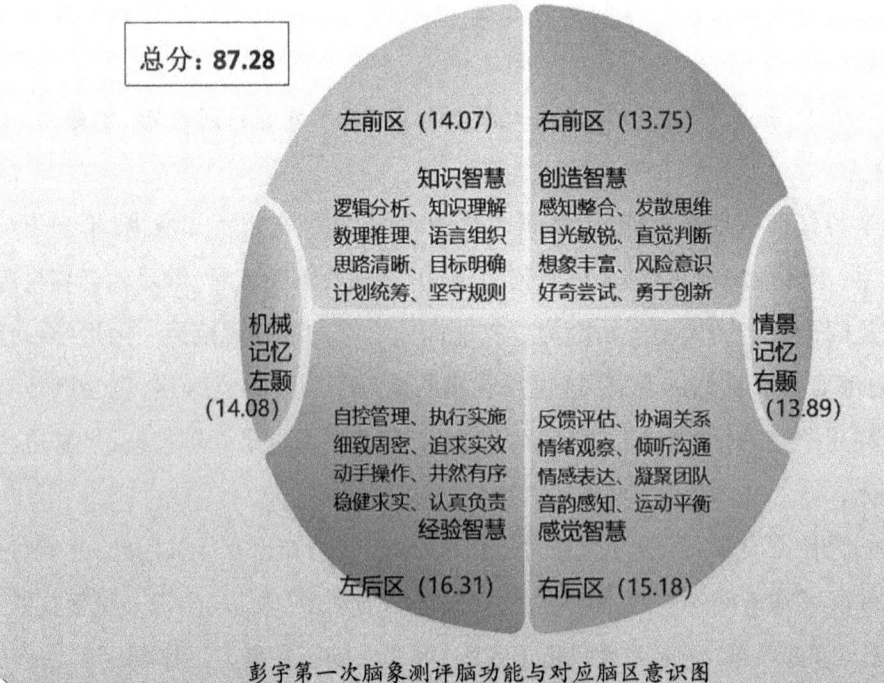

彭宇第一次脑象测评脑功能与对应脑区意识图

- 118 -

乱交朋友，学习不努力造成的。爸爸的管教方法比较粗暴，他非常反抗，甚至离家出走，中考后被录取到一所高职学校的计算机编程专业。

中考后，妈妈为了缓解父子矛盾，为他们父子安排了心理咨询。咨询师先为彭宇做了脑象测评，报告出来后，咨询师说："你的脑力指数非常高，学习能力非常强。初二学习成绩下降是因为你的右颞脑功能区比较弱，理解记忆能力弱，而初二开始数学和物理的学习需要有很强的理解性记忆能力。又因为你的右前脑功能区较弱，所以你举一反三的能力较弱，这些都影响你的理科学习。根据脑功能优势分布情况，在初二时只要注意改变学习方法，学习成绩不会差的。而且，你的右后脑功能区非常好，你和同学、老师关系都很好。"

爸爸听到以后很自责，他说："我以为孩子上初二交朋友多了才影响学习，现在知道了孩子初二成绩开始下降的原因，我对不起孩子。"彭宇也选择了原谅爸爸，他们父子和好了。

彭宇上高职后，了解到自己脑象测评的优势和弱势，自信满满，积极参加各项活动，努力学习，一年之后，他各科成绩都非常好，还当上了学生会干部。

现在他想更多地了解自己，又做了一次脑象测评，这次结果显示总脑力指数又有提高，而且弱项脑功能区分值都有所改善。

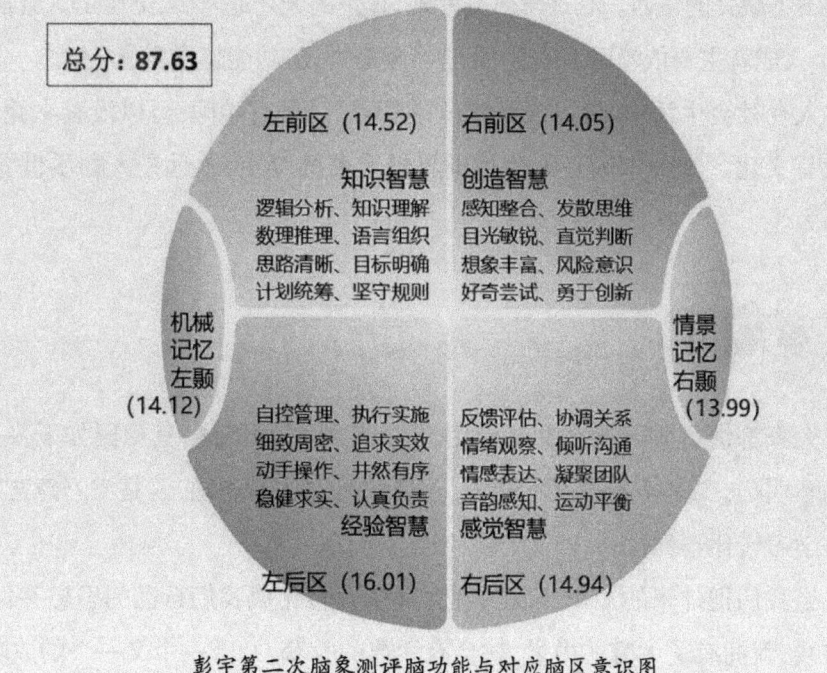

彭宇第二次脑象测评脑功能与对应脑区意识图

从彭宇的案例我们可以看出,随着教育、学习过程和环境的刺激,脑功能区会有所变化。学习的本质就是构建人的大脑,教育的本质就是完善人的生命。

由此可见,人不只是受大脑支配,其行动反向重构了大脑。

资料卡片二

江苏电视台推出的一档真人秀节目——《最强大脑》专注于传播脑科学知识和脑力竞技,节目全程邀请科学家,从科学角度探秘大脑世界,并将筛选出的选手组成最强大脑中国战队,迎战来自海外的最强大脑战队,决出世界最强大脑。许多选手的记忆速度、记忆能力、快速心算能力都给我们留下了非常深刻的印象。其实,许多记忆类的选手先天的记忆力并不好,后来他们拥有的超强记忆能力都是通过训练得到的。

由此可见,持续科学的训练重新构建了他们大脑的记忆功能区,从而让他们拥有了超强的记忆速度和记忆能力。

人的一生都离不开学习,活到老学到老,学习时刻伴随我们左右,成为我们人生中不可缺失的东西。心理学研究发现,真正的天才非常少,95%的人智商都差不多,个人成就主要依赖后天的学习,学习越努力,脑功能越强,收获越多。

人在社会生活中,可以没有学位,但不可以没有学问;可以没有文凭,但不可以没有文化。学习永远是人精神世界最重要的存在,永远是人物质世界最辉煌的动力。

大家都懂得学习的意义和作用,但人生结果却不同,其原因如下:一是学习目的不明确,二是学习态度不端正,三是学习方法不正确,四是学习意志不坚定,五是学习转化不到位。

当我们把外来的知识、文化、理念等东西转化成我们自己的思想并付诸实践的时候,就拥有了无穷的力量,就会有无数的收获,乃至一个又一个的成功。

课堂活动

组织学生观看大脑神经元构建的短片。

让学生谈一谈怎样理解"教育就是塑造学习者的脑"这句话。

心理家园

脑象测评助力精准填报专业

通过对考生脑功能生理优势基础的科学分析,为考生的专业填报提供更客观及更个性化的建议。

首先,要加强对专业的了解,从专业的设置、分类、特点到对具体专业的分析都要了解清楚。要从大的方面了解所报考学校各个专业的区分,如学习特点、教学能力和未来就业方向等。

其次,要重视根据考生的脑象测评报告数据,科学地了解考生是否具备学好这一专业的深度学习或研究的能力和将来在本专业有很好发展的脑功能优势。

心理健康与脑智发展

　　脑象测评可以让考生了解自己的大脑优势所在,依据优势区进行专业的选择,从而成为更好的自己,让人生少走弯路。高考志愿填报时选择专业还要认真分析考生的思维方式、性格类型和行为特点,为未来择业打好基础。这些在脑象测评报告中都有具体的指标数值供考生参考。

　　有人感慨地说,高考志愿填报与孩子的未来密切相关,甚至关乎孩子一生的幸福,完全可以视为孩子的终身大事。几乎每一个考生和家长对志愿填报都万分重视,但是,对于每个同学来说,要结合自身情况,综合各方面因素,以考虑未来发展为主线,通过脑象测评做好科学的专业选择。希望考生和家长都能重视考生的脑优势,扬长避短,让孩子的人生路更顺畅。

第二十一课　盘点自己的学习能力

学习能力是一种高层次的综合能力,包括自控能力、思维能力、观察能力、想象能力、创新能力、记忆能力、自学能力和获取信息能力等。在知识爆炸时代,通畅的信息渠道、丰富的在线资源,以及种类繁多的书籍,使我们拥有了许多获取大量知识的机会。只有具备了良好的学习能力,才能在知识社会中娴熟地运用学习"武器",使自己立于不败之地。

青年人正处于学习的黄金时期,应该把学习作为首要任务,作为一种责任、一种精神追求、一种生活方式,树立梦想从学习开始、事业靠本领成就的观念,让勤奋学习成为青春远航的动力,让增长本领成为青春搏击的能量。

——习近平

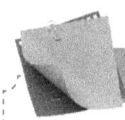
资料卡片一

刘峰是电子信息专业的三年级学生,他一直对编程很感兴趣,经常在业余时间自学编程,希望将来成为一名软件工程师。毕业前,他在网上看到某大型软件公司的招聘广告,就想去试试。同学们都劝他:"算了吧,去大企业工作都要经过严格考试的,你自学的那些知识有什么用?"尽管如此,他还是抱着"试试看"的心态去应聘了。

果然,考官问了几个问题后,说:"很抱歉,你的专业水平不符合我们的招聘要求。"刘峰诚恳地问考官:"能不能再给我一次机会?我想回去好好准备一下。"没想到考官说:"好,欢迎你两个星期后再来应聘。"刘峰似乎看到了一线希望,直奔书店,买了一些专业书回家苦读两个星期。再次应聘时,他努力用新学的知识和技能回答考官的问题,考官说:"你的水平还是比较低,不过两个星期,你的进步真不小啊!你可以试试我们公司其他的岗位,比如销售。"考官又给了刘峰两周的准备时间。于是,他又买了一堆专业书,猛读了两个星期。一个月下来,家里的书堆得像小山一般,他也明显消瘦下去了。考官再次面试他的时候说:"祝贺你,你已经被录用了,不是因为你现在的水平达到了我们招聘的要求,而是因为你是个学习能力非常强的人。我们这个行业知识更新速度很快,需要随时充电,而你恰好具备这种能力。"

刘峰最终依靠自己的学习能力和不懈努力得到了想要的职位。可见,学会学习是我们生存和发展的基础。我们只有具备多种学习能力,才能不断更新自己的知识结构,使自身的潜力得到充分开发,适应社会发展的需要。

学习能力就是听、说、读、写、计算和交流沟通等能力。对我们而言,它主要包括组织学习活动的能力、获取知识的能力、运用知识的能力,以及伴随学习过程而发展起来的观察、记忆、思维等智力技能。学习能力的高低不仅决定着我们现实的学业成就,还是我们今后事业成败的关键因素。随着时代的发展,社会对个体学习能力的要求越来越高,那些没有学会怎样学习的人最终会为时代发展所淘汰。

资料卡片二

宋彪,出生于1998年,来自安徽蚌埠。初中时宋彪迷上了网络游戏,欲罢不能,严重影响了学习,导致中考失利。

父亲得知后没有对他严加惩罚,反而感到十分自责,孩子学习成绩不好,不能都说是他一个人的错。父子俩促膝长谈后,宋彪理解了父母的苦衷,也做出了一个非常重要的决定——读技校。一家人很快达成了共识,宋彪也走进了技师学院,学习的是模具设计与制造专业。在五年的技校学习中他充分发挥自己对机械感兴趣的特长,积极学习实际操作,不叫苦、不喊累。

2017年宋彪到阿布扎比和来自68个国家的1260多名选手同台竞技。宋彪在赛场上表现得游刃有余,最终拿到了工业机械装调项目的冠军,当之无愧地获得了"阿尔伯特·维达尔"大奖,也是我国获此大奖的第一人。

人生有无限的可能性,适合青少年发展的道路并不唯一,所以我们不应过早对他们下定论,更不该贬低他们的能力。

我们要做的是全面、客观地看待青少年,在看到他们的缺点、不足的同时,也要看到他们的脑优势,再想办法从他们的脑优势入手,有针对性地因材施教,促使他们走上成才的道路。

有心理学家给才能下了这么个定义:自发地重复出现且可被高效利用的思维、情感或行为模式。

客观地说,人与人之间确实存在先天禀赋的差异,但这种差异很小,而后天的努力对人的改造作用则是巨大的和惊人的,与其把眼光放在天赋的差异上,还不如去通过后天的努力让自己变得更聪明,更有才能。

当我们专心做一件事情的时候,想达到某个高度,通常要经过三个阶段:缓慢起步期、快速提升期和高原期,很多人在缓慢起步期就停滞不前了,小部分人达到了快速提升期,只有极少数人坚持到了"高原期",并且突破了发展的瓶颈,最后才能"笑傲江湖"。

 温馨提示

自我强化,培养自己的学习能力:

学习能力的培养有迹可循,遵循一定的方法更容易到达成功的彼岸。

(1)兴趣指引,培养自己突出的长板。

(2)优势互补,取长补短不可少。

(3)匠心极致,持之以恒精益求精。

(4)挑战难度,不断设置有挑战性的目标。

(5)分步实施,最终实现总目标。

 课堂活动

你觉得学习能力是什么?

从小学到中学,再到我们现在所处的阶段,随着学习的逐渐深入,很多同学经常会遭遇学业上的瓶颈或者高原现象,有些同学陷入自我怀疑中,怀疑自

己的学习能力,质疑努力的有效性。

请大家思考以下三个问题:

(1)你觉得自己是一个学习能力很强的人吗?
(2)学习能力算不算一种才能?
(3)你觉得才能与生俱来的天分多还是后天努力的结果?

探究与体验

为自己设置一个近期的努力目标以及三年后的努力目标。

了解"学习"概念

学习,指的是观察、阅读、听讲、记忆、储存、模仿、提问、吸收、理解、消化各种知识、技术、方法的时刻。学习主体以浏览性、体验性以及沉浸性三种指导思想为前提,秉持未知、求知以及认知的积极姿态,遵循意识、启蒙以及交流的原则,对所学到的知识进行记忆、模仿以及思考,最终在实际学习的过程中展现出相当的观察能力、辨别能力以及质疑能力,由此来显现、揭示学习主体的学习行为所能达到的非凡境界。

人不应只将学习用于考试,而应将学习这一过程作为人格塑造的工具,使得

学习主体具有完善的人格。人格塑造有利于每一个体努力超越与别人的差距,如虎添翼般不断走向未知的未来世界。

学习的目的就是掌握各种知识,促使学习主体对于未来的生存、生活、工作、娱乐以及研究等状态有更高标准的诉求、愿景以及目标。显然,通过阅读、听讲、研究、观察、理解、探索、实验、实践等手段获得知识、技术、方法的过程,是一种使个体可以得到持续变化(知识和技能、方法与过程、情感与价值的改善和升华)的行为方式。

人从出生到死亡这一历程中,学习行为从未间断。从牙牙学语的时候开始的缓慢学习,到少年、青年、中年以及老年等的不同阶段,每一个时期的学习侧重点不尽相同。

同时,学习的重要性还在于在认知世界的同时也认知自我,了解自己的身体、心理和情绪,通晓学习人文、艺术和科学知识的方法,懂得社会、自然、人性以及人类延续和宇宙变迁的规律。

所以,学习是人类为了生存、生活以及生计而必须获得的前辈的经验积累。这些经验使得人类在面临生存、生活以及生计等困境时,以更简单、经济以及高速的行为去应对及摆脱。通过学习升华人格,为学习主体走向未来的未知世界提供强大的观察、辨别以及质疑能力。

第二十二课　激发学习兴趣和动力

"兴趣是最好的老师。"我们对一门课程感兴趣,就会刻苦钻研,改善学习方法,提高学习效率。可以说,兴趣对学习进步有着神奇的推动作用。有了它,我们的智力得到开发,知识得以丰富,眼界更加开阔,学习就成了一种愉悦的享受过程。

> 知之者不如好之者,好之者不如乐之者。
> ——孔子

我们该怎样培养自己的学习兴趣呢?

(1)培养好奇心。学习兴趣是在不断的探究中培养起来的,平时要多留心观察一切事物,多问自己为什么,经常与同学、老师一起讨论、研究学习中的问题,感受知识的魅力。牛顿发现万有引力、瓦特改进蒸汽机,都是出于对日常生活现象的好奇,经过不断钻研才实现的。

(2)强化对学习的兴趣。想让自己对学习产生浓厚兴趣,必须具有主动学习的良好态度,坚信学习是件有趣的事。如果一开始学习就断定自己没有兴趣,就真的很难再培养起兴趣了。

(3)全身心投入学习中去。有的同学学习很浮躁,对学科知识一知半解,就认为这些知识很没意思。其实,任何学科都有其内在的独特魅力,只有我们真正静下心来投入学习,才会感受到学习的乐趣。

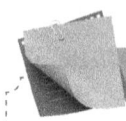
资料卡片一

心理学家曾对3 000多名缺乏学习兴趣的青少年进行心理训练,要求参与训练的青少年选择一门不感兴趣的课程,每天进行下列练习。

A.面带微笑、搓着双手,做出摩拳擦掌、跃跃欲试的样子,并且让自己充分感觉到这一点。

B.心中默想:下面的学习内容将是我能够理解的,我将高兴地学习。

C.提醒自己:一定要努力地去学习,要比平时更细心一些,要花更多的时间。

结果发现,绝大多数青少年对原来最不感兴趣的课程产生了兴趣。这种练习方法非常简单,不如你也坚持一段时间吧,或许会改变你的学习心态。

学习兴趣和学习动机缺乏引起的负面效应

(1)懒惰,贪图享受。不愿意上课、写作业,不愿意动脑,贪玩,懒散,怕苦怕累,经常为自己的懒散行为找借口。

(2)容易分心。注意力差,不能专心听讲,学习流于表面形式,兴趣容易转移,满足于一知半解,行动忽冷忽热。

(3)厌倦情绪。对学习冷漠、厌倦,对学校和班级生活感到无聊,无精打采,无法享受学习带来的快乐。

(4)没有学习方法。满足于死记硬背、应付考试,缺乏正确灵活的学习策略和方法,不能适应新的学习环境和学习情境。

(5)独立性差。没有明确的学习目标,没有学习自主性,极少有独立性和创造性。

资料卡片二

王诺一是一名初三学生,爸爸是一名工程师,妈妈是银行职员,两人都是大学毕业。王诺一学习成绩一直不好,但是喜欢做手工,理想是成为一名优秀的厨师,但是他的父母却想让他努力学习,将来考上高中,上个好点的大学。因为学习的事情王诺一经常与父母发生冲突,于是父母便带着他找到了脑象测评师咨询。

通过脑象测评,发现王诺一左前脑的功能区比较弱,左后脑与右前脑功能区很强。左前脑功能区与知识性的学习有较大关系,所以导致他学习成绩不好,左后脑功能区与动手能力关联较大,所以他平常比较喜欢做手工。从王诺一的脑力基础与他的表现上来看,他不太适合参加普通中考、高考,却可以成为一个很好的厨师。通过咨询脑象测评师,最终他的父母同意王诺一报考厨师专业。经过几年的学习,王诺一如愿在一家高级餐厅工作。

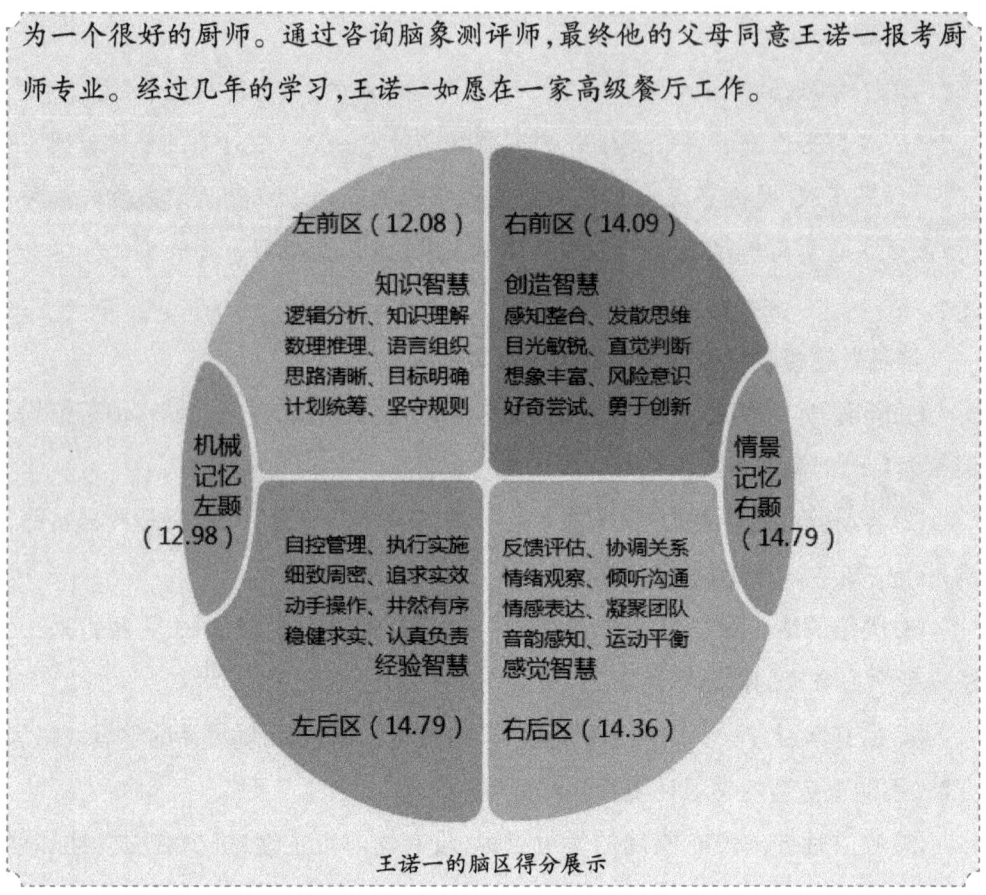

王诺一的脑区得分展示

充分认识到学习的重要意义

学习会让我们的未来有更多的选择机会。不要抱怨读书苦,那是你通向世界的路。有位家长曾经在给其孩子的信中这样说:孩子,我要求你读书用功,不是因为我要你跟别人比成绩,而是因为,我希望你将来拥有选择的权利。选择有意义、有时间的工作,而不是被迫谋生。当你的工作在你心中有意义,你就有成就感;当你的工作给你时间,不剥夺你的生活,你就有尊严;成就感和尊严,带给你快乐。学习不仅让我们的生命更精彩,让我们更有智慧,有更多选择的权利,也让我们更有价值。

活到老学到老,学习是我们人生中不断重复的事情之一,并且可以让我们增

长见识、提高能力,那么,我们要如何激发自己的学习动机呢?

(1)为自己营造一个良好的学习氛围,安静舒适的环境有助于注意力的集中和记忆力的提高。

(2)保持对学习的热情,通过一些比较有趣的学习方式来对抗枯燥的学习步骤。

(3)兴趣也很重要,有兴趣就有动力,兴趣是学习动力的"马达",可以驱使你不断在自己感兴趣的领域里驰骋疆场。

(4)每一次学习结束,或者坚持做完每个学习任务,适当地给予自己相应的奖励,可以帮助你保持对下一次学习的期待和积极性。

课堂活动

1. 你的专业是什么?你为什么要选择这个专业?
2. 你喜欢你的专业吗?为什么?

探究与体验

1. 李刚和张明是好朋友,刚开学时他俩对学习英语都有着浓厚的兴趣。老师几乎每天都能看见他们在校园里朗读英语,并练习用英语交流。可是过了一段时间,老师只看见李刚继续学英语,而张明早已不见踪影。

老师忍不住问张明:"怎么不见你学英语了呢?"

张明无奈地回答:"这门课好难,我已经没兴趣了,不想学了。"

老师又去问李刚:"学英语难吗?"

李刚回答:"难。"

老师又问:"那你还有兴趣吗?"

李刚轻笑着说:"我只想再坚持一下,也许会从中找到新的乐趣,果然,我找到了。"

从上面的对话中我们不难发现,对待学习仅有初始兴趣是不行的,想办法把初始兴趣转变为永久兴趣才是最重要的。请思考,当在学习过程中遇到困难时,我们应该怎样做。

2. 有一位董事长去巡视一条铁路,这时一位工人拿着铁锹远远地从前面跑过来,兴奋地说:"记不记得30年前,我们一同拿着铁锹修铁路的事?30年后,没想到你已经是一个事业有成的董事长,而我还是一个铁路工人。"说完,这位工人不好意思地笑了。

董事长抬眼凝视着铁路尽头,用手举起这位工人带来的铁锹,充满感慨地回答:"当年我们同样都为了每天赚30块钱而辛苦工作。不同的是,我在拿铁锹的同时,已经看到人生的远程……"

现在,我们和同学一样坐在教室里学习,你看到人生的远程了吗?你如何规划自己的职业生涯?

心理家园

艺术活动直接影响我们的情绪

事实上,所有心理性疾病都可以叫作情绪功能障碍,通过艺术活动可调整自己的情绪。艺术本身直接影响我们的情绪功能,很多艺术形式对人的情绪疏导都是有帮助的。

音乐、绘画、舞蹈等艺术形式对人的情绪都有很好的疏导作用,音乐对人的情绪调整的帮助是显而易见的。

很多人都喜欢听歌。心情不好的时候,听听歌很快就能让心情有所改变。很多从事音乐工作的人,表现出来的经常是愉快的心情状态,这种状态是自然而然流露出来的,不是刻意的。

绘画也是情绪宣泄的一种方式。在情绪不好时不妨试一试,通过绘画来宣泄这种情绪,即使不会画画的人,也可以找出笔和纸随意涂鸦,体验这种方式对自己情绪宣泄的作用。

舞蹈有音乐,还有肢体动作,所以舞蹈也是调整情绪很好的方式。看看身边喜欢跳舞的人,他们的情绪通常都是积极的、愉悦的、向上的。

我们可以在日常生活中体验一下这些艺术形式,找到适合自己的方式。体验到其中的美妙之处,可以把它固定下来,作为自己调整情绪、宣泄情绪的日常方式。这三种艺术形式也是心理学中艺术治疗的三大方向。

第八单元　学会管理自己

第二十三课　时间管理

时间的基本特性

(1) 供给无弹性:每天 24 小时,固定不变。

(2) 无法积蓄:无法让时间停止,进行储存。

(3) 无法失而复得:一旦流逝,无法恢复。

时间就像海绵里的水,只要你愿意挤,总还是有的。

——鲁迅

检视你现在的时间观

(1) 你经常回忆过去的事吗?大多是开心的事还是不开心的事?它们分别给你的当下生活带来了哪些影响?

(2) 你是否认为最重要的事是享受当下,做自己喜欢的事?你是否经常不计后果或者禁不起诱惑,做一些对未来有损伤的事?

(3) 你会不会觉得很多事无能为力,无法通过自己的努力去改变,或者觉得未来变数太大,无法真正为未来做规划和打算?

(4) 你是否有对于未来的目标,并且为此做出实现的计划?你是否常为了实现目标而不顾个人的休息、健康,甚至身边人的感受?

资料卡片一

课堂上,教授在桌子上放了一个装水的罐子,然后又从桌子下面拿出一些正好可以从罐口放进罐子里的鹅卵石。教授把石块放完后问他的学生:"你们说这罐子是不是满的?""是。"所有的学生异口同声地回答说。"真的吗?"教授笑着问。然后再从桌子底下拿出一袋碎石子,把碎石子从罐口倒下去,摇一摇,再加一些,再问学生:"你们说,这罐子现在是不是满的?"这回他的学生不敢回答得太快。最后班上有位学生怯生生地细声回答道:"也许没满。""很好!"教授说完后,又从桌下拿出一袋沙子,慢慢地倒进罐子里。倒完后,再问班上的学生:"现在你们再告诉我,这个罐子是满的呢,还是没满?""没有满。"全班同学这下学乖了,大家很有信心地回答说。"好极了!"教授再一次称赞这些"孺子可教也"的学生们。称赞完了后,教授从桌子底下拿出一大瓶水,把水倒在看起来已经被鹅卵石、小碎石、沙子填满了的罐子。当这些事都做完之后,教授正色问班上的同学:"我们从上面这些事情学到什么重要的功课?"

班上的同学们一阵沉默,之后一位学生回答说:"无论我们的工作多忙,行程排得多满,如果要逼自己一下的话,还是可以多做些事的。"

听到这样的回答,教授点了点头微笑道:"答案不错,但并不是我要告诉你们的重要信息。"说到这里,这位教授故意顿住,用眼睛向全班同学扫了一遍,说:"我想告诉各位最重要的信息是,如果你不先将大的鹅卵石放进罐子里去,你也许以后永远没机会把它们再放进去了。"

智慧锦囊——时间管理的"魔法"和原则

1.改变你的想法

时间行为学的研究发现这样两种对待时间的态度:"这件工作必须完成,但它实在讨厌,所以我能拖便尽量拖"和"这不是件令人愉快的工作,但它必须完成,所以我得马上动手,好让自己能早些摆脱它"。

当你有了动力,迅速踏出第一步是很重要的。不要想立刻推翻自己的整个习惯,只需强迫自己现在就去做你所拖延的某件事。然后,从明早开始,每天都从你的任务表中选出最不想做的事情先做。

2. 学会列清单

不要轻信自己可以用脑子把每件事情都记住,把自己要做的每一件事情都写下来,这样做能让你随时都明确自己手头上的任务。而当你看到自己长长的 list(清单)时,也会产生紧迫感。

3. 番茄时钟工作法

番茄时钟工作法是简单易行的时间管理方法。使用番茄时钟工作法就是,选择一个待完成的任务,将番茄时间设为 25 分钟,专注工作,中途不允许做任何与该任务无关的事,直到番茄时钟响起,然后在纸上画一个 × 短暂休息一下(5 分钟就行),每 4 个番茄时段多休息一会儿。番茄时钟工作法可以极大地提高工作效率,还会使人产生意想不到的成就感。

4. 交换休息法

人如果长时间持续同一项工作内容,就会产生疲劳,使活动能力下降。如果这时改变工作内容,就会产生新的优势兴奋灶,而原来的兴奋灶则得到抑制,这样人的脑力和体力就可以得到有效的调剂和放松。 例如当写数学作业疲劳时,可以起来背几个英语单词,或者读读语文课文。

5. 安排"不被干扰"时间

每天至少要有半小时到一小时的"不被干扰"时间。假如你能有一个小时完全不受任何人干扰,在自己的空间里面思考或者工作,这一个小时可以抵得上你一天的工作效率,甚至有时候这一小时比你三天的工作效率还要高。

6. 做好时间日志

你花了多少时间做哪些事情,详细地记录下来,比如早上出门(包括洗漱、换衣、早餐等)花了多少时间,搭车花了多少时间,出去拜访客户花了多少时间……把每天做的事情所花费的时间一一记录下来,你会清晰地发现浪费了哪些时间。这和记账是一个道理。当你找到浪费时间的根源,你才有办法去改变。

时间管理就是自我管理:

自我管理即改变习惯,以令自己更富效能。

把事情很快地做完,叫作效率。

把事情很快又很对地做完,叫作效能。

时间管理就是事前的规划或长期的计划。

时间价值感——个体对时间的功能和价值的稳定态度和观念。

时间监控感——个体利用和运筹时间的观念和能力。

时间效能感——个体对利用和运筹时间的信念和能力估计。

课堂活动

假如现在你的生命处于0~100岁,接下来我们来玩一个游戏。

请准备一张长条纸,用笔画线将它分成10份,刚好每一份代表生命中的10年。

下面给大家出几个问题,请大家按要求去做:

第一个问题:请问你现在几岁?把相应的部分从前面撕掉。过去的生命再也回不来了,请撕彻底撕干净!

第二个问题:请问你想活到几岁?如果不想活到100岁的话就从后面把那部分撕掉。

第三个问题:请问你想多少岁退休?请把相应的退休以后的部分从后面撕下来,不用撕碎,放在桌子上。

剩下的是你可以用来工作的时间。

第四个问题:请问一天24小时你会如何分配?一般人通常是睡觉8小时(有人还不止呢!),占了1/3。吃饭、休息、聊天、"摸鱼"、看电视、游玩等又占了1/3。其实真正可以工作的时间约8小时,只剩1/3。所以请将剩下来的折成三等份,并把2/3撕下来,放在桌子上。

第五个问题:比比看。

请用左手拿起剩下的1/3,用右手把退休那一段和刚才撕下的2/3加在一起,并请思考一下:

您要用左手的1/3工作赚钱,供给自己另外2/3的吃喝玩乐及退休后的生活。

第六个问题：想一想。

你要赚多少钱、存多少钱才能过上述的日子，这还不包括给父母、子女、配偶的花销。

第七个问题：请问你现在有何感想？

第八个问题：请问你会如何看待你的未来？

这个游戏，你按要求做完了吗？你有什么感想？

1.举出3~5件过去发生的你认为不好的事情，写下每件事可能带给你的积极信息。这些事情可能对你的未来产生哪些好的影响？

2.检视一下自己最近做过的事情中，哪些事情只是对当下有好处，却对未来几乎没有价值甚至有害？你决定减少做其中哪些事情的频率？你会采取哪些方法来避免自己做这些事？

过分内疚和耻辱感会导致自卑

内向型的孩子容易产生内疚和耻辱感，这在一定的程度之内是有好处的。当一个人有内疚感和耻辱感时，会不做一些事情，或者做一些事情来补偿，这是内疚感和耻辱感带给我们的某些行为上的纠正，或使我们不做太出格、没底线的事。

所以我们要利用好一个内向孩子比较容易产生的内疚感和耻辱感。当你要去纠正他的错误的时候，你只需要稍微提醒他一下，他就会调动自己体内的内疚感和耻辱感，立即收敛或改正错误，然后去做一些正确的事或者不做一些错误的事。

但是如果内疚感和耻辱感过量,也会对我们造成伤害,会导致我们行为的扭曲,或者深度的自卑。其实,每个人体内都有一个自卑的自己,我们只是将其隐藏了而已。

家庭的经济条件是使人产生自卑的一个原因,经济条件差的孩子缺乏的主要是物质上的满足,是因物质缺乏而产生的自卑。经济条件好的孩子也会产生自卑,只不过他们产生的是不同内容的自卑。家庭经济条件很好的孩子,为什么也会产生自卑呢?这种自卑是因为他们的父母对他们过度照顾、过度关注,这种过度精致的照料方式,让孩子们的动手能力、实践能力退化了。

孩子在做某些很简单的动手方面的事情时,总是做不好,就会感觉到自己能力不足,更担心的是怕被同伴取笑,这是对自己能力方面的自卑。

我们常常观察到,这种因能力弱而自卑的孩子,在做一些事情时会轻易放弃。他们觉得自己没有能力做好,干脆就放弃,这就是一种叫作躲避或叫作防御的自卑感。所以得到精致照顾的孩子,反而创新、创业的动力弱,抗压能力、抗挫能力、抗委屈的能力、意志力比较差。

第二十四课 压力管理

我们或许因学习上的挫折而苦恼，或许因考试来临而焦虑，或许因成绩不良而惆怅……随之而来的沉重压力会压垮我们的身体，危害我们的心灵，影响我们学习水平的正常发挥。但是，只要我们愿意，压力就会唤起我们的热情和斗志，促使我们挖掘自身的学习潜能，成为我们学习与成长的动力。

千磨万击还坚劲，任尔东西南北风。

——郑板桥

学习压力大已经成为学生面临的普遍问题，这种压力主要来自学校、家庭和社会。当你无法摆脱这种面对考试过度紧张的心理压力时，就会表现出情绪低落、信心不足，有时还伴有失眠、烦躁、焦虑、健忘、恐惧、厌学等失衡现象，严重影响我们的学习效率和身心健康。那么，如何积极应对学习压力，保持一种健康、向上的学习心态呢？

(1) 以积极的心态面对学习压力。压力犹如一把双刃剑，既有弊端，也有益处。有些同学承受不了学习压力，自暴自弃；有些同学则在学习压力的推动下，更加积极向上，最终硕果累累。所以说，积极乐观的心态可以帮助我们减压。

(2) 树立正确的学习观。相信"天生我材必有用"，轻松愉快地学习，这样才会有较好的学习效果。我们上学不完全是为了考试升学，而是为了提高综合素质，掌握良好的学习方法，为今后的职业发展和终身学习做好准备。

(3) 确定恰当的学习目标。有的同学给自己定的目标过高，如果达不到预定目标，就会产生消极情绪。因此，我们要正确判断自己的实力，秉持只要尽心尽力，无论结果如何都问心无愧的态度。

(4) 运用积极想象法。当我们想达到某个目标时，先要告诉自己"我能成功"，可以大声重复几遍，这样会让我们感到振奋，做起事情来也会很有信心，学习压力在无形中就减轻了。

(5)创设良好的学习氛围。我们要努力创设一个令人愉快的、不容易使注意力分散的学习空间。比如,房间干干净净,书籍摆放井然有序,和周围同学相处融洽等,都会营造一种良好的学习氛围,有助于减少我们对学习压力的关注。

瓦伦达效应

瓦伦达是美国一个著名的高空走钢索表演者,以精彩而稳健的高超演技闻名。但是他在一次重大的表演中,不幸失足身亡。他的妻子事后回忆说,以前每次成功的表演,他总想着走钢丝这件事本身,而不去管这件事可能带来的一切。而这一次他太在意结果了,因为他上场前总是不停地说,这次太重要了,不能失败。后来,人们就把这种过分关注事情的结果,从而导致最后的失败的心态叫作"瓦伦达心态"。

如果我们在过程中努力,结果怎么样不用太在意,抱着这样的好心态,大家更容易发挥出色,赢到最后。

应对压力的方法是多种多样的,没有统一的模式。选择适合自己的一种或者是几种才是最好的。每一次成功地应对压力事件后,我们都可以收获更多自信与幸福。每一次的压力都会让我们更加努力地提高自己,激励我们发挥潜能,实现个人成长。

有一位经验丰富的老船长,当他的货轮卸货后在浩瀚的大海上返航时,忽然遭遇到了可怕的风暴。水手们惊慌失措,老船长果断地命令他们立刻打开货舱,往里面灌水。"船长是不是疯了?往船舱里灌水只会增加船的压力,使船下沉,这不是自寻死路吗?"一个年轻的水手嘟囔。

看着船长严厉的脸色,水手们还是照做了。随着货舱里的水位越升越高,船一寸一寸地往下沉,依旧凶猛的狂风巨浪,对船的威胁却一点一点地减少,货轮渐渐平稳了。

船长望着松了一口气的水手们说:"百万吨的巨轮很少被打翻,被打翻的常常是根基轻的小船。在负重的时候是最安全的,空船时则是最危险的。"

压力管理智慧锦囊

1. 如何避免压力过大?

(1) 制定详细的作息时间和备考计划,复习时忙而不乱。

(2) 把自己的生物钟节律逐渐向大考时的科目安排时间靠拢。

(3) 测评自己的学习风格,抓住自己最佳的记忆和注意力集中的时间学习。

(4) 确定合理的目标,强化自信心态。

(5) 注重学习过程,看淡考试结果。

(6) 必要时积极寻求专业老师的帮助,调整考前的心理状态。

2. 培养自信,积极应对压力

(1) 学会微笑。

(2) 昂首挺胸向前走。

(3) 努力发现自己的长处和优点。

(4) 多与别人交流,尤其是在公开场合。

(5) 找出生活中让自己开心的事情。

(6) 合理设置自己的目标,并努力去实现。

(7) 哪怕是学习和生活中再小的成功,也要讲出来,增强自我认同感。

(8) 勤于锻炼与实践。

3. 学会一些放松技巧

(1) 头部按摩放松法。

两手按摩前额,用双手四指,自前额中线向两边轻轻按摩,然后用双手的大拇指按揉太阳穴,一边轻轻揉,一边心里默念"放松、放松",反复做几次,能够消除内心的紧张不安。做动作的时候,要求动作和心态一致,会有更好的放松效果。

(2) 双鸣天鼓放松法。

用两手的手掌横贴在后脑勺的枕骨上面,两手的掌根正好掩住两边的耳门。将掌根紧掩住耳门,把食指放在中指上,食指很快从中指的指背上滑落以弹击枕骨,这时耳内会发出咚咚的响声,弹击要用力,连击 20 次。进入一个比较陌生的环境,心里确实有一些紧张。通过这种方式能够分散注意力,缓解紧张情绪。

(3)肌肉紧张放松法。

压力过大,感受到生理不适时,不要怕,双手握拳,使全身肌肉好好紧张一下,心里默念:使劲使劲,接着马上放松,深呼吸,直到你觉得问题不大了就告诉自己没事了,一般情况下这个办法很有效。

(4)运动放松法。

每天进行半小时左右的一般运动,如散步、慢跑、打羽毛球、打乒乓球、游泳等等,都有助于调整心态,提高学习和工作效果。

面对压力,人们需要练就压力反弹能力。

用俗话讲,面对生活中的挫折与逆境时,人既需要有耐挫折力,也需要有排挫折力。

就积极心理学而言,压力反弹也是一种积极评估能力。人面对不开心的事情,可以有积极与消极的评估,积极的评估会着眼于未来,尽量淡化压力的负面情绪体验;而消极的评估则多纠缠于过去,对自我的过失耿耿于怀,对他人的过错念念不忘。

总之,压力是一匹"狼",人们要练就"与狼共舞"的本领。

 课堂活动

把一张 A4 纸对折两次,用自己喜欢的颜色沿中线画出十字交叉的两条直线,把 A4 纸分为四个区域,在四个不同的区域随着冥想音乐画出以下内容:

1."我"目前遇到的压力。

2.应对压力,"我"已经做了或者正在做的事情。

3."我"能寻找的支持系统。

4.假设心愿达成,"我"的心情和感受。

心理健康与脑智发展

探究与体验

1. 你目前最大的压力和困惑是什么？
2. 请花些时间思考一下，这么多年来，为了达到你满意的状态，你的信念是什么，你成长的重要资源又是什么？

如何判断一个人是内向还是外向

内向和外向是我们的大脑想象出来的吗？还是说只是一种感觉而已？通过对人的大脑进行分析，从生理结构的角度可判断哪些人偏内向多一点，哪些人偏外向多一点。每个人在某些时刻，会觉得自己是一个内向的人。但是内向和外向是相对的，没有绝对的内向和外向。

外向

内向

问问自己，你是需要通过独处来减少外界的刺激吗？在大多数时间里，你是由安静思考来恢复精力吗？如果确实是这样，那么你的气质是偏内向的。同样，如果一个人在压力面前容易表现出焦虑、退缩，那么他也很有可能是偏内向的。

判断一个人是内向还是外向，一个最重要的标志是要看他获取、消耗和保存能量的方式，这才是重点。

外向的人，有点"人来疯"的感觉，在人多热闹的环境中很开心，越来越带劲，觉得自己充满了能量；通过与他人的互动、交流来获得信息，恢复和获取能量。

而内向的人在这种环境之下会觉得累,而且越来越累,甚至会感觉头晕目眩,需要在一个安安静静的地方休息、安静一会儿,才能够逐渐补充能量。内向的人需要独处来恢复和获取能量。

从成人的角度来分析,当你一个人的时候,是想拿起手机呼朋唤友来玩,还是想一个人看会书或者是散散步,就是区分内向和外向表现的一个很重要的指标。

第五篇 生涯规划篇

第九单元　职业心理

第二十五课　天生我材必有用

在这个世界上,每个人都是独一无二的。积极地认识自己,主动地接受自己,学会欣赏自己的优点,不断弥补自己的不足,我们就会找到属于自己的那片天空。请记住:天生我材必有用。相信我们一定会赢得无悔的青春,实现自己的人生价值。

努力使自己成为祖国建设的有用之才、栋梁之材,为实现中国梦奉献智慧和力量。

——习近平

 **资料卡片一**

一天大象在草丛边看到了几只萤火虫,它不屑地说:"瞧瞧我吧,多么高大,再看看你们,是多么渺小啊!居然还好意思飞来飞去。"

萤火虫们听后,都伤心地哭了,它们的哭声恰好被一位过路的神仙听到了。萤火虫委屈地向神仙诉说了事情的原委。神仙了解到萤火虫们痛苦的原因后,说:"上帝是公平的,他造就的每一件东西都有自己的用途,都有自己的价值,你们不必为自己的身体小而伤心,因为你们也有大象无法拥有的优点——你们能发光,聚在一起就能为夜行的人引路,这难道不是一件很有意义的事吗?"

听到这样的话,萤火虫们都破涕为笑了,它们散发出来的光也更加明亮了。

不要低估自己,认识自己,接纳自己,就会充分挖掘出自己潜在的能力,从而开拓出属于自己的一片天地。

正确认识自己,使自己更加完美

对每个人来说,认清自己是一件很快乐的事。知道自己拥有的特质,就能理智选择自己想要的,拒绝自己不想要的。早一点发现自己身上的天赋才能,把自己放在一个正确的起点上,树立更多的自信,不见异思迁,就能早日实现人生目标。

只有认识自己,在成长的过程中我们才能了解自己的不足以及优势,然后才可能有目的地去弥补不足,发扬优势,让自己始终朝向正确的方向;只有认识自己,在人际交往中我们才能发现自己并不是孤立的,我们有亲人也有朋友,然后我们才会去努力维系这些亲情和友情,让生活更加美满和谐;只有认识自己,我们才能正确衡量自己,提高自己的思想觉悟;只有认识自己,依照自己的潜能去发展,我们才能得到真正的快乐!

资料卡片二

从一名技校生成长为大国工匠

1989年,19岁的王曙群从技校毕业后进入上海航天设备制造总厂。他虽没有高学历,但每天都跟着老师傅们在航天装配岗位上学习锯切、画线、錾削、锉削、钻削……这些技能都是生产精密仪器设备必不可少的手艺活。王曙群始终把工匠精神植根于心,付之于行,踏踏实实地拧紧每一个螺钉,追求技能的极致和完美,追求工作的精细和精益,是新时代产业工人的代表。

1996年,他参加总厂的高级工培训班时,机缘巧合下接触了对接机构产品的研制。在天宫一号发射前,对接机构在进行最后一项热真空试验过程中,发生了无法解锁分离的问题,技术人员一时竟无法判断问题的根本所在。王曙群到现场后,很快就判定是锁驱动中的转动轴断裂,最终故障得以迅速排除,天宫一号如期发射。

在对接机构研制过程中,王曙群牵头研发了50多台专用装备,完成论文15篇,获得5项国家发明专利,是对接机构技术国家专利主要发明成员之一。随着航天事业的不断发展,王曙群又开始了新的型号任务,开展"玉兔"号月面巡视器的研制工作。经过综合考量,王曙群选择了班组里基本功好、干活踏实的路爱忠作为负责人,同时大胆选用年轻人,挑选了3个"90后"作为月球车的主操作人员。王曙群给团队分享在对接机构总装过程中遇到的难题,以及如何解决的故事。结合自身经验的生动讲解,以"传、帮、带"的形式,让年轻组员在装配方面更快成长。王曙群一直把他的荣誉归功于他的团队,这支优秀团队人员平均年龄38岁,曾多次荣获"全国质量信得过班组""集团公司金牌班组""院金牌班组",以及"中华技能大奖""全国技术能手""全国五一劳动奖章"等诸多荣誉。

如何正确认识自我、展示自我

正确认识自我首先要正视自己的每一个方面,平视自己,尽量站在客观角度评判自己;正确认识自己要学会挖掘自己的爱好与兴趣,敢于追求自己的梦想,在追求梦想的过程中正确认识自我;要积极参与集体活动,在集体活动中追求自我价值的提升。

资料卡片三

天生我材必有用

2003年出生的杨丹妮,是一个性格开朗并懂事的女孩,她从小喜欢给芭比娃娃做衣服,因初中时成绩不太理想,她遵从内心渴望和个人兴趣,选择到深圳市宝安职业技术学校学习服装设计与工艺专业。

她拿起剪刀、尺子在缝纫机面前挥汗如雨,也"剪"着不一样的人生。

功夫不负有心人,凭借着自身的努力,入学第二年的杨丹妮通过选拔进入集训队。这里都是学校服装设计专业的高手,实操的机会更多了,杨丹妮更加

心理健康与脑智发展

> 珍惜这个机会,每天一睁眼就进入工作状态,连续工作4个小时手工缝衣服。缝制过程中手经常被针扎破流血,甚至为了出品一件好的衣服要熬到凌晨两点才回宿舍,对此,杨丹妮没有抱怨,一心学习和总结经验。
>
> 2020年11月,杨丹妮在全国职业院校技能大赛服装设计与工艺赛项获得全国二等奖。2021年在广东省职业院校技能大赛中,杨丹妮表现优秀,获得一等奖,名声大噪,被《中国妇女报》《人民日报》《北京青年报》《扬子晚报》和广东新闻网等40多家媒体进行报道表扬。
>
> 云南"00后"女孩杨丹妮用行动向大家证明了:即便我上不了普通高中,可并不能阻挡我对兴趣的热爱,我一样可以凭借努力在全国亮眼。

出于实际的需要,我们也需要某一方面的自我认知。如就业时的职业测评,也是自我认知的外部手段之一。这就是外部自我认知,通过外部测试来帮助了解自我,如脑象测评、心理测试、职业测试、情商测试和智商测试等。外部认知的方法包括他人评价和社会反馈。目前,最通用、最普遍的认知方式基本都是外部自我认知,尤其是通过科学方式来实现自我认知。类似的手段有很多,这些都是出自自我认知的需要,只是一些方法存在误差,与实际有较大差别。因此外部的自我认知有被扭曲的风险,需要细心甄别。

对于当今青少年来说,通过提升自我达到更完美的自我认知存在困难。青少年的心智还不健全,提升自我的方式和途径除学习外比较匮乏,同时,青少年存在逆反心理,容易形成背道而驰的自我认知,因此需要成人的引导,成人应该给予青少年更广阔的自我认知途径,为青少年提供更切实的自我认知。

"天生我材必有用,千金散尽还复来",李白的这句诗告诉后人,每个人都是有用之人,一旦有了用武之地,必定会展现出最闪亮的那一面,这是每个人必然会经历的,只不过因身份异同,有些人的闪光点被许多人所知,有些人的闪光点只有一部分人知道,有些人的闪光点只有自己知道。始终要记住,"是金子总会发光的"。

课堂活动

你了解自己吗？说出两种你擅长的事情。

探究与体验

你心中的自己与别人眼中的你一样吗？

两人一组，分别写出对自己以及对对方的印象，写完以后相互交换给对方并讨论体验。

心理家园

情商低，怎么办？

情商低的人，其右后脑功能区的分值往往偏低或偏高。

情商低的人往往不觉得自己情商低，还觉得自己把一片真心全部掏出来，凭什么你还对我这样呀？他觉得自己挺委屈，挺有理，是别人不理解他。表面上他还是比较热情，但是背地里却有一种"我本将心向明月，奈何明月照沟渠"的感慨。其实别人看他，他过于敏感，或是"一根肠子通到底"，咋就不能够学会"拐弯儿"呢？有两个可以改变情商低的办法，虽然第一个办法有点难，第二个办法有点挑战性，但我们不妨试试。

心理健康与脑智发展

第一个办法(有点难),思维要学会"拐弯",先学会倾听,然后学着模仿别人的动作,试着去扮演别人的角色,找别人的感觉和说话的语调、语气,慢慢就有了代入感,就能体会到他人说话的意思。练久了之后,你就能慢慢做到读懂别人的内心。这里有个哲学思维,即形式可以决定内容。每一个人的行为特征决定了他说话的内容本身,包括他看问题的特点。

第二个办法(具有挑战性),你可以放大自己的低情商,鼓励自己去做一个真实直率的人。这个世界上真实直率的人很少,而情商低的孩子特别适合做一个真实直率的人,但很多时候父母做的恰恰是反的,特别希望自己情商低的孩子能够变得圆滑些。我们在做真实的自己的同时,也要尽可能地体谅对方,当一个人做到真实而透明的时候,他一定是最有力量的。

我们经常讲一句话,"路遥知马力,日久见人心",我们往往会发现这样的人,表面上他情商低,但他却是一个真实和真诚的人,他的人际关系反而会变得更加简单,真的没有那么多的弯弯绕了。在这个世界上,你没有办法去博得所有人的喜欢。你能够吸引那些真正欣赏你,真正懂你的人,反而更容易交上知心的朋友。

第二十六课　职业理想与职业道德

俄国大文豪托尔斯泰曾说:"理想是指路明灯,没有理想,就没有坚定的方向。"著名教育家陶行知先生也告诉我们:"道德是做人的根本,没有道德的人,学问和本领愈大,就能为非作恶愈大。"所以我们的教育就是要把学生培养成有理想、有道德的社会有用之才。

神圣的工作在每个人的日常事务里,理想的前途在于一点一滴做起。

——谢觉哉

资料卡片一

付伟同学的理想是做一名律师。由于在初中阶段自控力较弱,付伟没有考上理想的高中,而是进入了一所高职学校学习铁路客运服务专业。

看到身边要好的同学顺利升入普通高中,他认为自己的人生非常失败,常感觉前途渺茫。后来,通过脑象测评发现他非常适合与人打交道,在父母和老师的开导鼓励下,付伟曾经熄灭的理想之火再次被点燃,决心将来在自己的工作岗位上成就一番事业。

毕业后,付伟应聘到某市某地铁公司,成为一名地铁安检员。为了能尽快适应工作,他苦学普通话、英语、哑语等,不出三年,他到车厢巡视时就能流畅运用普通话、方言及英语与乘客交流,并不断创新服务方式,主动帮助有困难的乘客解决问题。

因坚持不懈地提供优质服务,他多次收到乘客的表扬信和电话。凭着认真务实的工作、开拓创新的服务,付伟连续被公司评为"年度标兵""优秀青年""优秀员工",并获得了社会和媒体的广泛赞誉,赢得了广大乘客的喜爱和尊重。

心理健康与脑智发展

尽管付伟没有考上普通高中,但他始终没有放弃实现人生价值,为广大乘客提供优质服务,在平凡的岗位上演绎了精彩的人生。他的案例告诉我们什么是职业,什么是职业道德,以及职业对每个劳动者生存、生活和自我实现的重要作用。

人生的道路曲折而漫长,职业生活是其中的重要内容,如何选择职业、经营人生,是摆在我们面前既让人备感兴奋,又不免令人有些迷茫的问题。职业理想,是个人对未来职业的向往和追求。一方面,职业理想是个人的主观选择,每个人都可以根据自己的意愿确立自己的职业理想。同时,职业理想又有客观规定性。人是不可能逾越社会条件、无视自身特点去树立职业理想的,否则,理想只可能是空想。职业理想的实现,需要我们在将来的职业选择和职业发展中脚踏实地、全身心地投入。

资料卡片二

心灵的锁

有位老锁匠技艺高超,修锁无数,收费合理,深受人们敬重。更重要的是老锁匠为人正直,每修一把锁都告诉别人他的姓名和地址,说:"如果你家发生了盗窃,只要是用钥匙打开的你的家门,你就来找我!"听了这话,人们更加尊敬他了。老锁匠老了,为了不让他的手艺失传,人们便帮他物色徒弟。最后老锁匠挑中了两个年轻人,将一身技艺传给他们。

一段时间后,两个年轻人都学会了很多东西。但两个人中只能有一个得到真传,老锁匠决定对他们进行一次考试。

老锁匠准备了两个保险柜,并分别放在两个房子里。老锁匠告诉这两个徒弟:"你们谁打开保险柜用的时间最短谁就是胜者。"结果大徒弟只用了不到十分钟就打开了保险柜,而二徒弟则用了二十分钟,众人都以为大徒弟必胜无疑。老锁匠问这两个徒弟:"保险柜里有什么?"大徒弟抢先说:"师傅,里面放了好多钱,都是百元大钞。"师傅看了看二徒弟,二徒弟支吾了半天说:"师傅,您只让我打开锁,我就打开了锁,我没注意里面有什么。"

老锁匠十分高兴,郑重宣布二徒弟为他的接班人。大徒弟不服,众人不解,老锁匠微微一笑说:"不管干什么行业,都要讲一个'信'字,尤其是我们这一行,要有更高的职业道德。我收徒弟是要把他培养成一个高超的锁匠,他须做到心中只有锁而无其他,对钱财视而不见。否则,心有杂念,稍有贪心,登门入室或打开保险柜取钱易如反掌,最终只能害人害己。"

老锁匠最后对他的大徒弟说:"每个人心中都要有一把不能打开的锁。"

大徒弟惭愧地低下了头,悄无声息地从人群中走开了。

【感悟】

心灵的锁就是职业道德的底线,也是为人的底线,守住了这份底线,你就不会为名、为利所动,就会心无杂念,一心一意地做好自己的事。

职业道德是人格的一面镜子

1. 人的职业道德品质反映着人的整体道德素质

人的道德素质是人的综合素质的一个方面,它包含着丰富的内容。

人的道德素质包括道德认识、道德意志、道德行为等内容,从道德可能涉及的领域来看,则包含恋爱、婚姻、家庭道德、职业道德和社会公德。

2. 人的职业道德的提高有利于人的思想道德素质的全面提高

职业劳动不仅是一种生产经营的职业活动,也是一种能力、品格的训练。

3. 提高职业道德水平是人格升华的最重要途径

(1)唯有经过严格的职业训练和生活磨炼的人,才能获得实际有用的知识和人生智慧。

(2)一个想成就事业的人,必须经受得住形形色色的诱惑以及各种各样艰难困苦的考验。

(3)那些最伟大的人物无一不是经过严格的职业训练,无一不是历尽千辛万苦才取得辉煌成就的。

职业道德的五个要求是:爱岗敬业,诚实守信,奉献社会,办事公道,服务群众。

职业道德是道德准则、情操与品质的总和,它的作用是树立行为标准。职业道德是社会道德体系的重要组成部分,它一方面具有社会道德的一般作用,另一方面又具有自身的特殊作用。

课堂活动

1. 浅谈你对理想职业的理解。

2. 当你所学的专业与你的职业理想不一样时,你应该怎样做?

探究与体验

1. 有人说,职业是人谋生的手段,而事业是人毕生追求的理想。现实生活中,有人把职业当成谋生糊口的手段,而有人把职业当成事业来经营,不断拓展发展空间,为自己创造了更美好的未来。由此可见,职业岗位上成就的大小往往取决于我们对职业的态度。

我们该如何理解职业与事业的关系?

如果自己所从事的职业并不是我们愿意毕生追求的,我们该怎么办?和周围的同学讨论一下,提出可行的解决方法。

2. 一个人的职业选择会受到多种因素的影响。在选择职业的过程中,首先要对自己的个性特征进行分析,评价自己的生理、心理特征;其次,分析我们是否有能力干好这种职业;再次,兴趣也是我们选择职业的关键性因素;最后,在了解自己的特点和职业要求的基础上进行职业选择。如果一个人的个性特征、能力及兴趣与其选择的职业要求匹配得非常好,那么,毫无疑问这个人在职场上更具备成功的可能性。

读完上面的话,想一想以下几个方面。

我将来要选择的职业:

我适合这种职业,因为我在态度上:

个性特征上:

职业兴趣上:

"逆商"

你听说过"逆商"这个词吗?

"逆商"是指人们面对逆境时的反应方式,即面对挫折、摆脱困境和超越困难的能力。

有心理学家提出"逆商"的重要性大于情商和智商,将其放到了首位。你的"逆商",决定了你的人生高度。面对莫测的未来,我们需要有抗压、抗打击的心理承受能力,需要有摆脱逆境的推动力和耐力。未来能走多远,从一定程度上来说拼的就是"逆商"。阳光总在风雨后。

第二十七课　提升职业心理素质

职业心理素质是职业素质的一种，职业素质是指劳动者对社会职业了解与适应能力的一种综合体现，其主要表现在职业兴趣、职业能力、职业个性及职业情况等方面。

心理素质是指认知、感知、记忆、想象、情感、意志、个性特征等方面的综合素质。

职业素养具有职业性、稳定性、内在性的特点。

一般来说，用人单位对毕业生职业心理素质是有一定要求的，首先是要有正确的职业态度，其次是要有良好的职业心智，再次就是要有较高的职业情商，最后是要做好自我管理。

资料卡片一

王洁从小爱唱、爱跳，她的理想就是成为一名幼儿教师。初中毕业后，她选择了职业学校的幼师专业。在兴趣的驱动下，她勤奋学习专业基础知识，刻苦操练专业基本技能，抓住每一个机会来提高自己。

后来王洁和同学们去幼儿园实习，刚开始她们只是打扫卫生、做保育工作，根本没机会给孩子们上课。特别是当孩子哭闹时更是令人烦躁，许多同学都感到心灰意冷，认为实习没什么用处。然而，王洁心中明白，她实习的目的是和幼儿园老师们进行交流，学习与孩子沟通的技巧，为实现自己的理想积累经验。因此，她主动寻找机会，除了认真做好自己的本职工作，还主动帮助老师做力所能及的事情。终于，有一天她被通知当配班老师。王洁如饥似渴地跟主班老师学习各种讲课和管理孩子的经验。凭着自己的一股韧劲，她学会了怎样与孩子沟通，怎样让孩子喜欢自己，为以后的学习和工作打下了坚实的基础。

从职业学校毕业后,王洁由于工作突出,被留在了实习的幼儿园工作,两年后被提升为教学主管,并被市教育局评为优秀幼儿教师。

王洁的职业理想目标明确,"学习—实习—工作"的分阶段任务切实可行,循序渐进。她凭着对幼儿教育的热爱和兴趣,凭着刻苦与努力,凭着顽强的毅力实现了自己的职业理想。

资料卡片二

不良的职业心理主要有以下几种:

A. 自卑心理:在竞争机会面前顾虑重重,没有自我推销的勇气。

B. 盲目自信:认为所学专业就业前景好,或者家境好等,过于乐观,择业的期望值很高,以致屡受挫折,难以如愿。

C. 急功近利:缺乏吃苦耐劳精神,有"白领情结",一心想进大城市、大单位,而不考虑自己的专业实际。

D. 从众和依赖心理:上学依赖父母,择业依靠机遇。缺乏独立见解,不能做出符合实际的职业选择,而是随大流,人云亦云;或者把希望全部寄托在学校、老师和家长的推荐上,缺乏主动的求职就业意识。

我们在选择理想职业的过程中要做好两方面的工作:一是充分了解自己是否具有相应的职业心理素质,如职业兴趣、性格特点、职业价值观等;二是充分了解职业的要求和特点。

(1) 了解自己的职业兴趣。职业兴趣是一个人探究某种职业或者从事某种职业活动所表现出来的个性心理倾向。职业兴趣可以促进智力的开发和工作效率的提高,是职业和事业成功的起点。

(2) 了解自己的性格特点。一个人对待他人、对待自己、对待事物的态度影响着其职业选择和适应程度。如性情急躁的人很难适应教师职业,性格偏内向、不善交际的人做营销工作就困难一些。

(3) 了解自己的职业价值观。受自身需要和周围环境的影响,我们会对与职业直接相关的工资待遇、社会地位和自我发展目标等有所期望,逐渐形成自己的职业价值观。正确的职业价值观能指导我们选择并适应职业。

(4)充分了解职业的要求和特点。由于工作性质、社会责任、工作内容和方式不同,不同职业对从业人员的要求也不同。因此,我们要掌握不同职业的要求和特点,并结合自身条件,找到两者的最佳结合点,以便寻找到适合自己的职业舞台。

当然,职业选择过程并不是一帆风顺的,我们会在职业选择过程中遇到各种各样的困难,有时是我们难以抉择,有时是受现实条件的限制。这就需要我们根据现实情况灵活应对,重新审视自己的能力特点和职业要求,要么在工作过程中勇于改变自己以适应职业发展的需要,要么重新选择职业以便让自己更好地发展。

如何提高职业心理素质呢?
(1)转变教育观念,为心理素质培养营造良好环境。
(2)加大心理素质培养力度,提高就业指导课的教育效果。
(3)开设职业心理健康课。
(4)在课堂教学中渗透职业心理素质教育。

 课堂活动

1. 浅谈你对"心理素质"的理解。
2. 谈谈你对王洁同学的心理情况的看法。

探究与体验

程前同学在学校时,功课门门优秀,是老师心目中的好学生。中职毕业后,他通过严格的面试顺利进入一家工厂,进入试用期。进厂后,他整天以知

识渊博自居,终日足不出户、闭门造车。一天,他正在绘制一幅机械图,一位工人老师傅默然审视良久,说:"这个部位好像画得不对啊。"他一听就不高兴了:"我学过,没错!"师傅说:"我没读过什么书,但这机器我摸了几十年了。我觉得……"程前反驳道:"那你怎么不去考大学呢?"师傅叹了口气,转身离开了。此事传出,全厂哗然。从此,没有人敢给他"提意见"了,同事们对他的评价是"水平高,有个性"。试用期结束后,他没有被留用,郁郁不得志地离开了这家工厂。

请分析哪些心理因素使程前同学就业失败,对你有什么启发?

科普园

多巴胺和内啡肽

大脑中有50多种化学物质,多巴胺是一种非常容易获得,一旦获得就能让你马上兴奋、快乐的物质。玩游戏、刷抖音、看热闹、听笑话、吃美食、喝奶茶等浅层次的体验,都能产生多巴胺,给人带来"爽"的体验。多巴胺带来的愉悦感转瞬即逝,不能长久,要想一直获得"爽"的快感体验,就得不断加强刺激程度,需要更持续、更强烈的刺激,才能继续获得"爽"的快感。

假如你今天跑了两公里,刚开始你并不想跑,但你咬咬牙,坚持跑完了,出了一身汗,你感觉到身体很舒服,很爽。像这种在你付出了努力之后,大脑给你的奖励叫内啡肽。比如爬山、游泳等运动都会刺激体内产生内啡肽,这就是运动后你会感觉特别愉悦、快乐的根本原因。

有这样一个实验:在小白鼠脑中埋个电极,让小鼠踩踏板放电,每踩一次,电极就会刺激产生多巴胺的神经元兴奋。结果小鼠以每分钟几百次的速度踩踏,直到力竭而亡……

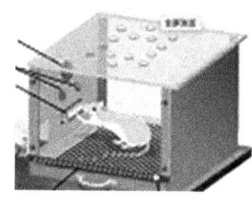

内啡肽也是一种能让你的身体获得愉悦、快乐感觉的

心理健康与脑智发展

物质，可以帮助人保持年轻、快乐的状态。但是内啡肽很有"个性"，不像多巴胺一样给予外界刺激就能很容易、很快得到。内啡肽需要你付出努力之后大脑才会奖励给你。当你感觉到难受、疼痛或有压力时，大脑也会分泌内啡肽，来缓解我们的痛苦并增强愉悦感。内啡肽是人体的天然止痛药。

内啡肽是需要你付出努力、辛苦才能感受到快乐、满足的物质。所谓先苦而后甜、先付出后享受、先痛而后轻松舒服就是这样一个道理。大脑分泌的内啡肽让你精力更好，心情愉悦，更加积极向上，但内啡肽不太可能容易上瘾，不像多巴胺那样会让你越来越沉沦，因为内啡肽是你通过付出努力而得到的。

为了事业和成就，我们一定要去追逐内啡肽，而不是追逐多巴胺。

10 第十单元　职业适应

第二十八课　喜欢自己的角色

社会是人的社会，人是社会的人，社会生活中的任何人都扮演着一定的社会角色，高职学生也扮演着不同的社会角色，扮演好自己的角色是他们成才的关键。从社会学角度讲，角色就是个体与其所处的特定社会关系相联系的一系列行为规范和行为模式的总称。

我以为择业时要根据个人的才干和兴趣。做事要有快乐，所以我们要根据个人的兴趣来择业。但是我们若要做事成功，我们必要有那样的才干。

——陶行知

选择职业是人生大事，因为职业决定了一个人的未来。铁匠锤打铁砧，铁砧也锤炼铁匠；海蛤的硬壳在漆黑深邃的海洋里形成，我们的心灵在色彩斑斓的生活中锤炼。因此，选择职业就是选择未来的自己。然而很多时候，我们学习的专业和职业理想相差甚远，我们期待的职业理想很难实现，是放弃现在的专业选我所爱，还是培养职业兴趣爱我所选？

心理健康与脑智发展

资料卡片一

"95后"男孩儿"火出圈",源于对传统木匠的痴迷

"山村小木匠"安旭仅用两年时间,就收获了近900万粉丝。在网友眼里,他有一双魔幻的双手——几块不起眼的木头,经过他的巧手,摇身一变成了金箍棒、高跟鞋、"嫦娥五号"模型……

地处贵州大山深处小山村的安旭,也曾和同龄人一样,外出打工,干过很多工作,但没有一份工作是他喜欢的,于是他选择回到家乡,干起他喜爱的木匠活。

"95后"安旭的成功印证了"兴趣是最好的老师",他对木匠职业近乎痴迷,以致他一直不厌其烦地学习、钻研,始终如一地用心去做,几块不起眼的木头,经过他魔幻的双手,变成大家争相购买的天鹅台灯、足球式存钱罐等工艺式商品。

像榫卯、穿销等木工技艺是几代乃至几十代木工工匠等人的智慧结晶,更是我国传统文化的重要组成部分。安旭没有一味地照搬照抄,而是在保留其精细制作工艺的同时,融入时尚元素,实现实用与美感相伴,并采用现代最为流行的"短视频+直播"的方式宣传推广。

在他的宣传和影响下,更多人开始了解木匠手艺和文化。甚至有些网友主动找到安旭,想要学习木工手艺。县里的中等职业学校,还邀请安旭为在校生教授木工课。期待日渐衰落的少数传统工艺能在安旭等年轻人的影响和带动下重现勃勃生机和活力,为乡村振兴赋能。

安旭的案例告诉我们,职业兴趣是学习和工作的重要动力,它能极大地调动我们的心理潜能,使我们长期专注于某一方向,并能够为此付出艰苦的努力,从而实现自己的职业理想。

然而,我们学习的专业有时会跟自己的职业兴趣出现偏差。如果不喜欢自己的专业,有的同学就会自暴自弃,荒废本专业的课程;有的同学则强迫自己完成学业,失去学习的动力;而有的同学能在专业学习中重新找到乐趣,并喜欢上所学专业。我们要珍惜在学校的学习机会,加深对专业和职业的认识,不断学习新知识、新技术,在不断变化的职业世界里实现自己的人生价值。

资料卡片二

培养职业兴趣有以下三个过程:

A. 有趣。这是职业兴趣的第一阶段,但这一阶段延续时间短暂,不能用于职业规划。例如,有些人职业兴趣多变,今天想当一名教师,明天想当一名服装设计师,后天又想成为导游等。

B. 乐趣。这是职业兴趣的中级水平,兴趣向专一、深入的方向发展。如某人对无线电有兴趣,不但学习相关知识,还亲手装配和修理。有了乐趣,才可以列入职业规划的范围。

C. 志趣。当乐趣与社会需要、理想、奋斗目标结合起来时,便转为志趣,达到职业兴趣发展的高级水平。志趣具有社会性、自觉性和方向性的特点,可以伴随一个人的职业生涯始终。

目前学生的社会角色基本上有以下几个内容:

首先,学生在学校的角色是学生。学生的天职就是学习。作为未来国之栋梁的学生必须牢记自己的身份,培养良好的文化素养。

其次,学生在家庭中的角色是子女。家庭是社会的细胞,每个人作为子女,作为社会人的根本义务是孝敬父母。

最后,学生在社会中的角色是公民。学生作为公民,应自觉履行相应的社会责任,用相应的社会道德规范要求自己。"勿以善小而不为,勿以恶小而为之",学生要在自己的生活范围内起到表率作用,做文明人。

对于学生来说,还有一件很重要的事情,就是要喜欢自己、接纳自己。成熟的人拥有独立的自我,不需要时刻依赖他人,即使孤独时也能自信和妥善处理问题,成熟又稳重的个性是一个人接纳自己、相信自己的前提。

温馨提示

我们学习的专业有时会跟自己的职业兴趣出现偏差,该怎么办呢?

(1)确立个人职业兴趣与社会需要相统一的观念,在学习中培养职业兴趣。

(2)学会在自己的专业中寻找职业兴趣。一个专业里有很多不同的方向,也许我们会对其中的某些方向感兴趣。

(3)广泛培养职业兴趣,适应职业发展需要。在学习专业知识的同时,我们可以开阔视野,接触更多新领域,这会让我们在职场中拥有更多的选择机会,我们的专业学习还可能让我们在新行业中颇具优势。

课堂活动

1. 浅谈你对"社会角色"的理解。
2. 谈谈你对安旭同学的社会角色的看法。

探究与体验

以小组为单位,每个小组选择一种职业进行表演。

1. 创设一个场景,写好剧本或台词。表演中可以表现这个职业的任何方面,如工作情景、日常生活、人际关系、休闲时光等。
2. 表演可以再现职业的酸、甜、苦、辣各个方面,但不要丑化任何一种职业。
3. 由老师和全体同学共同评出最佳职业角色表演奖。

心理家园

适应在心理学中用来表示对环境变化做出的反应

适应既可以是一个过程,也可以是一种状态。由于人是社会的人,因此个体不仅要适应自然环境,更重要的是,要适应社会环境。由于人有意识,因此,人不仅要适应外部环境,与外部环境取得平衡,而且要取得内部心理世界的平衡,实现良好的自我适应。自我适应与适应环境,共同构成了人类个体适应的丰富内涵。人是在不断发展变化的过程中与环境取得平衡的,因此,可以认为,适应是人生永远的话题。

对于高职学生来说,首先是升学适应。新学年开始后大批新生要走入新的学习环境。许多家长都对孩子提出了学习、生活方面的许多要求,却忽略了非常重要的适应性教育,尤其是高职新生。许多学生是第一次离开家独自面对生活,天南海北、家庭各异、

性格不同的学生走到一起,在全新而陌生的环境里都会产生不同程度的适应问题,要引导他们面对这种种问题,做好积极适应新环境的心理准备。其次就是就业适应问题。刚毕业的学生缺乏实践经验,无法科学地挖掘自己的潜力,也几乎没有将教科书的知识转化为实践的能力。即使就了业,很多人也因新的工作环境和人际关系的影响而感到困惑。实践是检验真理的唯一标准,最关键和重要的是提高自身能力。高职学生应该鼓起勇气走出去。现在社会上对高职学生是很看重的,当然,前提是必须用行动来证明自己。毕业生进入新的环境后,应该清楚自己的角色,只有这样才能尽快适应工作环境。现实生活中必须解决的问题涉及许多方面,个别学生认为他们有足够的知识去做事,经常眼高手低,这是刚开始工作的人经常会出现的问题。因此,需要回归现实,提高自身能力。为了满足社会各方面对人才的需求,我们必须结合自身条件,完善知识结构,同时,继续学习新知识并向老同事学习,才能很快地适应工作节奏。

第二十九课　创业需要强大的心理素质

现代社会为我们的发展提供了广阔的空间,让我们在创业中演绎人生的辉煌。然而创业路上没有坦途,很多人只看到了成功者得到的鲜花和掌声,却很少有人知道他们也曾步履维艰,不断在逆境中抗争。陷入困境,他们选择了坚持;经历失败,他们学会了反思;遭遇欺骗,他们懂得了诚信……只有顽强拼搏、敢于实践、勇于创新,才能在创业中实现自己的人生价值,让灿烂的生命之花尽情绽放。

要历练宠辱不惊的心理素质,坚定百折不挠的进取意志,保持乐观向上的精神状态,变挫折为动力,用从挫折中吸取的教训启迪人生,使人生获得升华和超越。

——习近平

资料卡片一

乡村振兴路上的青年创业故事

郑吃合,是一个出生在四川省昭觉县三河村的"95后"年轻人,正带领着家乡人民奔向致富路。

18岁之前的郑吃合生活在大凉山,"住着土坯房,与牛羊同吃同睡"。为了更好的生活,他离开家乡,来到广州,在电子厂当过工人,也做过建筑工人。艰苦生活的背后,他深深感受到有一项技能的重要性。

一年后,郑吃合来到江西一家养猪场打工,想专心学一门技术。在猪场,看到大货车将一车车的猪拉往屠宰场,郑吃合忽然想到了家乡的乌金猪,觉得自己也可以搞个养猪场试试,通过专业化养猪,发展家乡的特色产业,总会比在外面打工强。

2017年8月,郑吃合返回家乡,开始养猪创业。在不被理解、缺乏资金的情况下,郑吃合没有放弃。2019年,郑吃合把第一批猪仔养肥了,一下就卖了

10头猪,总共赚了3万多元,看着这一劳动成果,家里人都乐坏了。

后来,许多乡亲都来参观学习,开始相信规模化养殖乌金猪也可以致富。郑吃合俨然成了村里人的青年榜样,而他心里的梦想也更大了。今年,郑吃合在当地政府的帮扶下扩建猪舍,建立了乌金猪产业示范基地,扩大了养殖规模,共同推动壮大村集体经济,带动了全村贫困户脱贫致富。

除此之外,他还通过国强公益基金会旗下的社会公益企业对乌金猪进行了统一收购,并通过电商平台及线下门店进行销售。郑吃合对于外界帮扶的力度十分感激,他也有自己的计划和想法:"外面的人不了解我家乡的乌金猪,很多人即使有钱也买不到这样原生态的猪肉。"接下来,他希望扩大养猪场的规模,把乌金猪做成一个品牌,销售到四川省外,甚至是全国各地。

郑吃合在创业过程中充满自信,坚持不懈,努力拼搏,最后终于有所收获,这与他具有良好的创业能力和心理素质是分不开的。在创业实践活动中,我们需要具备哪些心理素质呢?

(1)独立性。思维和行为不受外界和他人的影响,能够独立思考、做出选择并付诸行动。

(2)坚忍性。为达到某一目的,坚持不懈、不屈不挠,并能够承受挫折和失败。意志坚定者在向理想奋进的过程中,即使遭受困难和挫折,往往也能够凭借其坚韧不拔的毅力获得成功。

(3)敢为性。有果断的魄力,敢于行动,敢于创新,敢冒风险,并敢于承担后果。这里的冒险不是盲目的,而是基于可靠依据做出的科学决策。

(4)自律性。能自觉调节和控制自己的情绪和情感,约束自己的行为,克服冲动。

(5)适应性。能迅速适应外界环境和条件的变化,灵活地进行自我调整、自我转换。

(6)合作性。能设身处地为他人着想,善于理解、体谅对方,善于合作共事。

 **资料卡片二**

顾杰是一位大学生,也是一名创业者。大学里,他一直兼职创业,凭借杰

心理健康与脑智发展

出的管理能力和营销能力,他创下了业绩占团队业绩一半的纪录。在直播电商红火的年代,他毕业后迅速创建了自己的团队,并且很快达到十万多的流量,拥有了几十万粉丝。

在大学时,2016年,他为了了解自己,做了一次脑象测评。

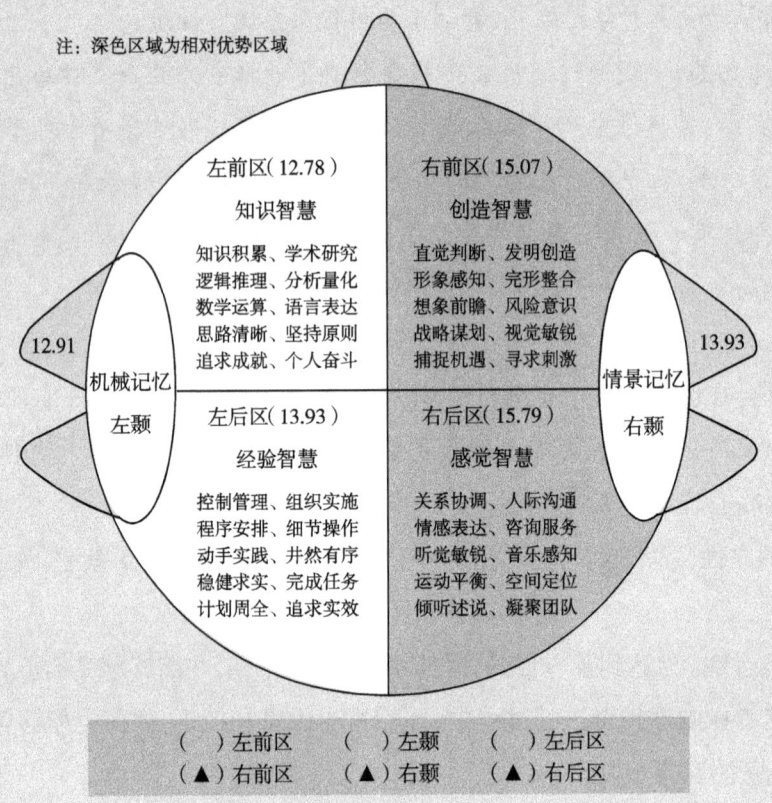

顾杰2016年脑象测评报告之脑区优势分布图

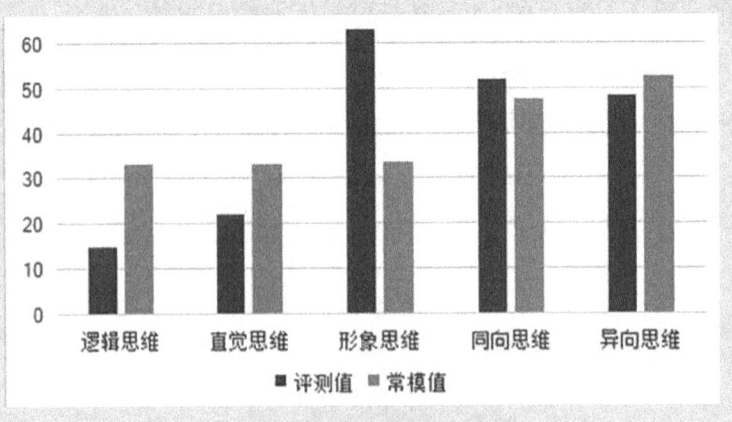

顾杰2016年脑象测评报告之思维模式分布图

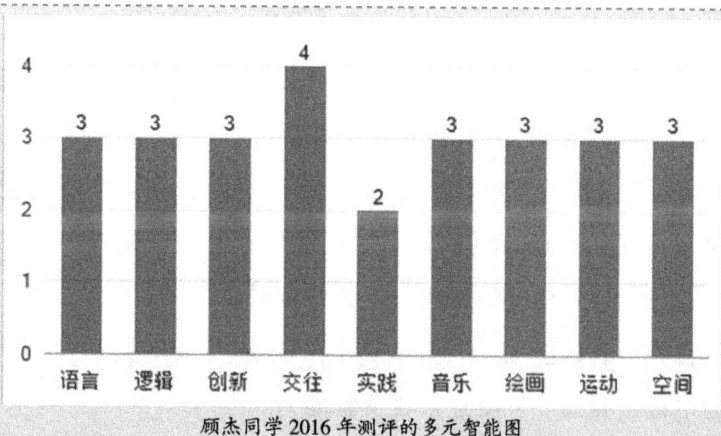

顾杰同学2016年测评的多元智能图

> 从顾杰同学的脑象测评报告中我们可以看出,他拥有非常优异的右脑优势,尤其是右后脑得分是15.79分,靠近满分17分,也远远高出常模中右后脑的平均分14.8分,这说明顾杰拥有良好的观察能力、沟通能力、大局观,具有良好的合作能力;右前脑优势,说明他善于想象、拓展,风险意识强,愿意冒险、尝试新事物,接受能力强。他身上具备了成为一个良好的创业者的很多素质:独立、合作、果敢、坚忍。

高职学生应具备的创业心理素质如下。

第一是独立性。要有强烈的欲望,"欲",实际就是一种生活目标,一种人生理想。对于创业者而言,独立性很珍贵,有助于打造企业独特的文化,提升自身的吸引力。

第二是团队协作能力。优势互补的团队是自主创业的基础。有了优势互补的创业团队,既能有效进行技术创新与经济管理,又能保证创业团队形成最大的合力,从而在市场竞争中取胜,达到企业所追求的目标,推动企业向前发展,取得成功。

第三是超乎想象的忍耐力和坚韧性。对一般人来说,忍耐是一种美德,对创业者来说,忍耐力和坚韧性却是必须具备的品格。有忍耐力和坚韧性的创业者面对创业时的困难和挫折,仍然能克制自己的情绪,保持清醒的头脑来调整创业方案,并针对其中存在的问题动态调整,化被动为主动。

第四是商业敏感性。创业者的敏感是对外界变化的敏感,尤其是对商业机会的快速反应。

第五是学习的能力。创业者要想把工作做好,就必须有好学的精神,而且要善于学习。学习经营管理知识、科学技术知识和社会学、心理学、经济学等一系列相关学科知识。知识经济时代,科学技术突飞猛进,企业环境复杂多变,创业者要善于从自己及别人的成功和失败中吸取经验教训。这样,才能跟得上时代的步伐,以系统的思路、全新的理念去经营好企业。

第六是自我反省的能力。人类能够不断进步,主要获益于人的思考能力,而在思考能力中最重要的一种就是自我反省能力。

帮助高职学生掌握扎实的创业理论知识,同时,使他们明确创业目标,并在潜移默化中养成良好的创业心理素质。整合已经开设的课程,提升学生的专业自信,提升技术水平,鼓励高职学生跨学科学习,增长见识,拓宽知识面,完善知识结构,实现多学科知识整合,为后续的创业奠定基础。

我们在创业过程中应尽量避免的不良心态及改善思路:

(1)怕风险、怕失败。破解:很多成功人士都是在失败中寻求正确道路,一次次挑战自我,最终走向成功的。

(2)年纪太小,没经验。破解:有志不在年高,创业不怕年少。

(3)学历不高。破解:文凭决定不了一个人的能力和前途。

(4)没本钱。破解:要学会从无到有,慢慢滚雪球式地积累财富。

(5)赚钱太难,打工太累。破解:爱拼才会赢。

(6)家庭背景差。破解:创业和家庭背景并不必然相关,有很多白手起家的成功例子。

 课堂活动

1. 浅谈你对"创业者素质"的理解。
2. 如果你是顾杰,你会如何提升自己的创业素质?

探究与体验

1. 地点：平坦的操场。

方法：双手背到背后握紧，下蹲，从同一起跑线开始蹲跳，看谁在最短的时间内蹲跳完规定的距离。

分享：你在游戏的过程中，有没有产生过放弃的想法？后来是怎样做的，为什么？

2. 某座大山的一块岩石上有一个标牌，告诉登山者，那里曾经是一个女登山者倒下离世的地方。她当时距离正在寻找的庇护所"登山小屋"只有一百步，如果她能多撑一百步，就能活下去。

想象一下，如果你在未来的创业过程中遇到了困难和挫折，感觉精力已经耗尽时，你会怎么办？上面的故事给了你哪些启示？

科普园

没有脑科学，就没有人工智能

认知大脑是发展类脑人工智能技术的重要基础。我们要理解大脑的工作原理，认知智力的神经基础，以及脑疾病的原理和早期诊断及治疗；研究神经元之间是怎样连接的，是怎样发挥功能的；然后利用脑科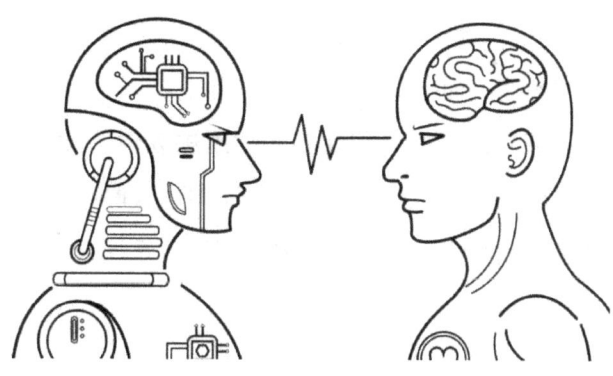学研究出来的基本的原理，思考如何来设计，比如怎么去解译脑信号。类脑智能主要是指算法的建立、建模、类脑机器学习的方式，以及类脑器件的研究，设计集成电路，实现脑机接口和人工智能的算法、装置等等，从而推动智能产业的发展。

心理健康与脑智发展

多类型的学习促进大脑的发展和重塑

大脑在执行不同任务时,通过和外部环境的相互作用得到发展和重塑,就像肌肉力量会因为我们不断锻炼得到增强一样。当我们参加不同类型的活动时,我们不同脑区的神经元被刺激,神经细胞突触增多而被强化,从而让整个大脑得到锻炼。人们做某一类型的工作时,会有一个或几个脑区在工作,这些脑区就兴奋,另一些脑区在休息,但这种休息并不只是睡眠,而是以另一种方式让大脑获得休息。不同任务之间的互相切换,也会让不同脑区和脑网络组交替休息。

在运动和劳动中大脑是最受益的器官。在运动中锻炼身体,在劳动中获得生存技能,多类型的运动和劳动让大脑更发达,并可有效调节内分泌,这时你不仅心情好,注意力、记忆力、创造力和抗压能力也得到了锻炼,可以更快速地处理信息,这样就能迅速地思考,并让大脑资源获得更加合理的分配,身心更健康,学习的效率反而会更高。

老祖宗讲过一句话——"用进废退",大脑就是这样。比如,我们很多人都有这样的体验:当遇到重大事件和挑战时,常常倦意全无,能调动自己的多个脑区兴奋起来快速反应,以回应挑战。

第三十课　创新、创业的动力

创新是一个民族发展的灵魂,创新也是创业的生命力和动力。在创新中创业,将会提高成功的概率;在创业中创新,创业才能拥有巨大的发展空间。创新是一种态度,这种态度让我们拥有无数的梦想,让我们在创业中去主动挖掘自身的潜能。

抓创新就是抓发展,谋创新就是谋未来。

——习近平

创新是民族进步之魂,科技创新越来越成为发展生产力的重要基础和标志,越来越决定着一个国家、一个民族的发展进程。"创新是引领发展的第一动力。抓创新就是抓发展,谋创新就是谋未来。适应和引领我国经济发展新常态,关键是要依靠科技创新转换发展动力。"这一重要论述,是顺应世界科技发展大势、面向我国经济发展新常态所做出的重大判断,是我们党对科技创新作用的新认识,对于进一步发挥科技创新的重大作用,更好地实施创新驱动发展战略,建设创新型国家,为全面建成小康社会提供强有力的支撑,具有重要的现实意义。

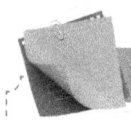
资料卡片一

三个"90后"女大学生开"跑腿公司"创业

在福州罗源有这样一家贴心便民的"跑腿公司",高温难耐的天气里,如果你懒得出门,轻松打个电话,就有人帮你代劳,怎不让人心动?公司的老板是三名青春靓丽的"90后"女大学生,不少客户亲切地称她们为美女版"罗源合伙人"。

叶彩英与朋友连小舟、叶丽琴商量,想开一个"跑腿公司",如果有人懒得出门,只要打个电话就有人代办事情,十分方便。于是三个闺蜜成为合伙人,具体分工后，便马不停蹄地投入前期准备工作。

她们开始奔走在罗源的大街小巷，有的询问同城送件情况，有的亲自跑城区各条路线计算路程时间，有的向市民开展问卷调查。长时间的劳累奔波，她们原本白皙的皮肤晒得黝黑，体重更是暴减。有一次，叶彩英在骑车跑路线时还不小心摔伤，父母见着心疼，就劝说她别干了，可是她并没有因此退缩，伤还没痊愈就和伙伴一起投入工作中。

经过几个月的市场调查、宣传营销等前期准备，2011年7月18日，公司终于正式运营。开业之后随着高温的来临，市民的需求量渐增，业务量逐日攀升。

虽然工作很辛苦，但也有不少快乐的小插曲。客户林先生由于性格腼腆，想通过"跑腿公司"向心仪的女生发起追求攻势。每天下午，林先生总会打来电话，要求送饮料或水果给在某商场工作的黄小姐。头几次，黄小姐收到东西并不以为意，后来她的芳心终于被打动，两人成了一对甜蜜的恋人。

叶彩英说虽然创业非常艰辛，但对未来她们信心满满。下一步，她们打算逐步扩大乡镇区域业务，并增设更多的业务，给更多人带来生活便利。

从这三个女大学生的身上可以看出创新思维和创新能力在创业过程中的重要作用。如果我们具备了创新意识、创新精神和创新能力，就能在将来的竞争中发挥专业优势，实现顺利就业或创业。创新素质是一种综合素质，主要包括创新意识、创新思维、创新精神、创新知识、创新能力等内容。那么，怎样培养我们的创新素质呢？

(1) 树立正确的创新价值观。创新是人脑的机能，是人的心理潜能的升华。著名教育家陶行知先生说过人类社会，处处是创造之地，天天是创造之时，人人是创造之人。创新不是少数天才的专利，人人都可以创新。

(2) 优化知识结构。知识是创新的基础和前提。在学习过程中，我们要有意识地拓宽知识面，优化自己的知识结构，不但要学好基础知识，还要学习并掌握专业知识和各种技能技巧。

(3) 强化个性培养。个性和创造力之间关系密切，创新个性属于创新的动力系统，是创造力萌芽与生长的土壤，包括不懈的追求、自主性、好奇心、挑战性、求知欲、坚韧性等。

(4) 深化创新实践。在学习和生活中,我们要有意识地培养自己的创新素质,不断在实践中提高自己的创新能力。

创新与创业是紧密联系在一起的,创新是创业的核心和灵魂。

资料卡片二

7年创业路,她把传统农场变成"最美农业观光园"

龚乔,家住湖南张家界永定区。她是一个有着丰富的就职经历的女孩儿,既从事过景区讲解工作、旅行社文秘工作,也在培训机构当过指导老师,甚至远赴浙江台州打工。在这几年的打工经历中,她发现自己在外面过得很好,家乡却没有改变多少。所以她在32岁的时候选择回乡创业,成立了种植家族农场。创业之初她频繁遭受冷遇,但她从不气馁、从不退缩,坚持不懂就学、不明就问,用心种植水果,坚持不懈地上门推销,最终凭借质量赢得信任,逐渐打开了销路,种植规模也不断扩大。目前,龚乔旗下的农场和公司共流转土地近400亩,基本构成了农业+旅游的田园综合体,把传统农场变成"最美农业观光园"。

7年来,她扎根农村,深耕沃土。她的目标并不单单是打造好自己的园区,也希望通过园区尽可能地解决当地村民的就业问题,和他们共同学习、共同努力、共同致富。龚乔深知农民才是土地真正的主人,所以她常向村民学习种植技术,力争成为知农时、懂农事的"农业人",也努力让园区的发展惠及更多群众,成了乡村振兴的积极实践者。

创新与创业是紧密联系在一起的,有了创新,创业才有可能成功。

创新是一种能力,这种能力让我们在瞬息万变的社会中立足,充分展现自己的个性,实现我们的梦想。

创新亦是创业的核心和灵魂。在创业过程中不断创新,才能战胜各种困难和挫折。

以下三种心理因素不同程度地影响了创新素质的培养与创新水平的发挥。

(1)思维定式。总是习惯用同一方法解决不同问题,是一种"以不变应万变"的思维策略,但这种"以不变应万变"有时并不能起到较好的效果。

(2)功能固着。功能固着是指人们把某种功能赋予某种物体的倾向。如人们认为砖头是用来盖房子的,很难想到它还有很多其他用途。

(3)从众心理。从众心理是指个人受到大众影响而采取的和众人一致的观点或行为。具有从众心理的人爱人云亦云。

课堂活动

1.浅谈你对"创新"的理解。

2.如果你是龚乔,怎么样做到创新?

探究与体验

1.某地有个丝绸厂生产一种真丝面料,没想到染色质量不过关,面料上有一些白色斑点,结果产品积压没有销路。这时厂里的设计人员突发奇想:既然白色斑点不易清除,能否将这些斑点由瑕疵变成装饰呢?于是,他们在面料上以斑点为基础,绘出朵朵艳丽的梅花,并以此制成了手绘真丝高档裙装。裙装一上市便成了抢手货。厂里的人称这种经营方式为"歪打正着"。

他们因为创新的想法而赢得了成功。你还知道哪些类似的故事?说出来与大家一起分享。

2.6~8人一组,连接在一起,组成一个怪兽,这个怪兽要有11只脚和4只手在地上。为了顺利完成任务,小组同学要先确定一个组合方案,考虑每个同学身体上的差异。

你认为活动中最有创意的地方在哪里?

> 在活动中,你的创意如何?你有哪些收获?

心理家园

说说我们的梦想

我有同感,有一阶段我想当老师,后来又想当科学家,现在我读职校,想当老师、科学家的梦想实现不了了,我也不知道我的梦想是什么了。

小新,你想法多,你先说说你的梦想。

读职校也可以有梦想的,课堂上老师讲的案例多好。学好目前所选的专业,成为某个行业的高端技术人才,是完全可以做到的,我们可以实现梦想。比如说想做厨师,将来可以自己开饭店做老板。再比如说喜欢鲜花,那就学好营销管理,将来开个自己的花店。

小时候我的梦想是挺多的,而且多变,看目前的现实情况,我的梦想反而不清晰明确了。

附录

脑象测评原理

人的大脑、生命和宇宙是当代自然科学所要攻克的三大难题,而人的大脑,特别是大脑产生的思维、意识、情感等功能又是最高级的科学难题。

享受国务院政府特殊津贴的著名脑电图专家、北京体育大学博士生导师、山西省中医研究院工程师王德堃女士说:"21世纪是宇宙学的世纪,是思维和大脑的世纪。"

她经过几十年的研究,创立了脑象测评学说,证明了人类的思维和意识是可以表述的,这对人类的自我认识有着重大意义。同时,也揭示了人的思维、意识、个性等高级心理功能,使得脑科学研究向前大大跨越了一步。

脑象测评技术发明及原理

脑象测评技术,通过把脑"电"转换成脑"象",把脑电图的单一二维波形变成立体的三维几何图形,使人的意识、精神图像化、直观化,达到了看图识脑、知

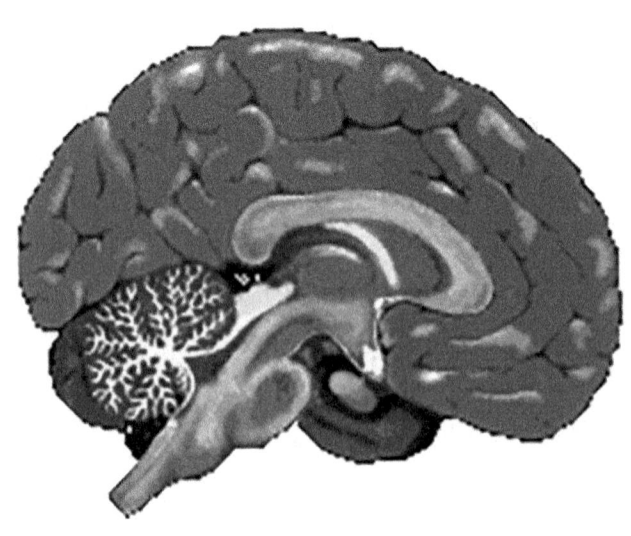

人、知病,实现了人类用物理数学的方法解读意识精神上的突破。

所以说,脑象测评技术,是现代科技与东方智慧的结晶,是揭示大脑之谜的金钥匙,是脑科学研究的一个里程碑。

1. 脑象测评技术的发明

自德国医学家汉斯·贝格尔(Hans Berger)发明脑电图以来,人们一直认为 α 波是正常成人在安静状态下的正常波形。随着临床经验的积累与丰富,人们常常在先天愚型患者脑电图中见到良好的 α 波活动,那么 α 波究竟正常还是异常呢?这是一个令人十分困惑的问题。

为了探索解决这一严肃的问题,有必要对脑电活动提出新认识、引入新思想、建构新理论。

1989 年,王德堃女士在研究脑电图理论与实践的基础上,依据混沌动力学原理,将脑波的数据进行编码,建立网络数学模型,再将拾取于脑部的电信号输入计算机进行数学运算。这样实时的、实变的脑电信号的运动轨迹就具有了演化的动力学特征,再将这样的运动轨迹记录在案,利用计算机成像技术,使它由表象的、孤立的单一数字曲线变成栩栩如生、一目了然的具体图形,从而将先天愚型 α 波与健康聪敏之 α 波区分开来,终于弥补了原理论的不足。为此,特将此种技术命名为"脑象测评"(EEQG)。

在脑电图基础上发展而来的脑象测评,基本特征在于它的整体性、运动性、相关性、演化性以及对初始动因的敏感性。其很容易地解决了脑电图在临床上不能判读某些疾病的问题。

脑象测评不仅在临床上能够迅速准确地诊断某些疾病,使人们通过对几何图像的分析认识其对应大脑的质量特征及其功能态势,更重要的是对于及早发现人才、更好地使用人才,提供了更好的途径。北京体育大学的李安格教授把脑象测评技术运用到中国女排希望队员的选拔中,取得了比较好的结果。

李安格谈到脑象测评技术,很是兴奋:"很明显,脑象测评和这些指标比较好地结合了,脑象测评显示比较好的,在学习各种知识技能时候也是比较快的。"

脑功能成像是脑科学领域中最引人注目的研究手段之一。

王德堃教授曾坦言:"我能告诉您思维动力学特征,我也能告诉您思维品质特征,我还可以告诉您情绪特征,还有您这个人的个性特征,主要是帮助您发现您的特长是什么。"

所以说,王德堃教授发明的脑象测评在探索大脑奥秘的道路上处于一个非常特殊的位置。我国已经开展了数十万人次的脑象测评,并取得了良好的社会效果。

2. 脑象测评技术的原理

脑象测评技术又称为"生物活动参量的处理方法",是一种测量大脑高级功能的全新技术。它是依据混沌动力学原理和脑电图学临床判读规则建立的一组数学算法($G=ACOS\omega t+B$)。

通过计算机操作系统,将大脑在不同作业过程中的实时脑电波曲线建构成具有鲜明运动性、时变性、相关性、演化性和整一性等动力学特征的多姿多彩的流形几何结构图。

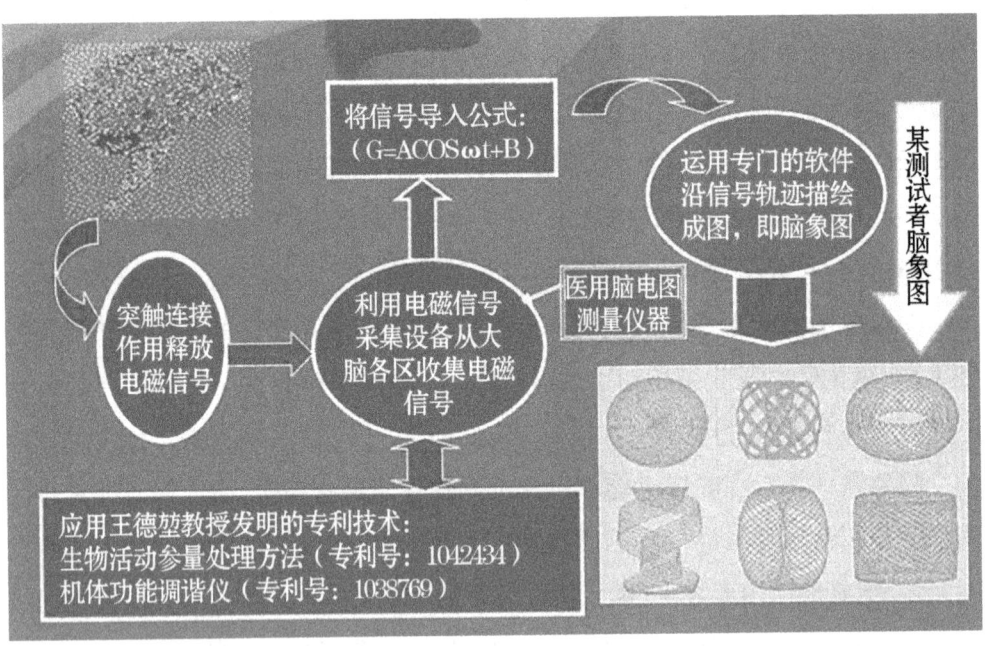

鉴于该几何图形具有科学实验之美学特征,以及其"一元复始,万象更新"的原始创新意义,特将之命名为"脑象测评",即大脑万象图。

通过对几何图像的分析,可以认识其对应大脑的质量特征及其功能态势,由此可以解读人的脑区优势与潜能、思维方式、个性倾向、职业倾向、心理状态等。

它是融合物理学、数学、医学、生理学、哲学、教育学等诸多学科的一项国内原始创新技术。

脑象测评技术分析系统

脑象测评技术对辅助诊断、开发大脑优势及人尽其才带来的社会价值、经济价值是不可估量的。

随着科技的发展、进步,脑象测评技术也以其日益完善的独特优势,被越来越多的人所认识、接受。

1. 脑象测评技术的科学价值

脑象测评技术的重要价值在于从分析的角度出发认识物质的脑,从整合的角度出发认识精神的脑。

大脑的每个区域都有其特定的功能,对不同脑区进行检测,从而对其功能进行评价和判断,就可以使我们对大脑有充分的认知,使自己的优势潜力渐渐展现出来。

脑象测评所表述的内涵,除了大脑的病理意义,更重要的乃在于铭刻于大脑的精神事件和思维特征,由不可捉摸演化为可直观描绘、可计算的物理现实。

更重要的是,它不是检测智力或智商水平的高低,而是能客观显示大脑的多元智慧,比如人的智慧类型,如知识智慧、创造智慧、经验智慧、感觉智慧等,再比如人的基本能力,如思维能力、组织能力、表达能力、创造能力、计划能力、示范能力、社交能力、协调能力和记忆能力等。

天生我材必有用,命运对待每个人都是公平的,每个人都有独特的优势。该技术所追求的目标,正是认识个体智慧优势与群体优势是什么,找出优势所在,扬长避短。

特别是对儿童进行脑思维特征的识别,了解他们的智慧特征、能力特征及特长优势所在,能达到在教育中因人施教、因材施教、个性化教育、多元智能开发培养的目的。

脑象测评更是与孩子沟通的桥梁,是理解孩子的平台、体谅孩子的窗口。

这项技术很早就被国资委所属的职业经理研究中心应用在人力资源考评中,并申报了国家基建项目"人才素质测评新技术系统的建设"。他们以脑象测评技术为基础建立了人才测评的新模式,将脑象测评技术与人才测评的要素相融合,科学地对人才进行选拔。

脑象测评技术在 2011 年被写入了国标,新版《职业经理人考试测评》(GB/T 26998—2020)在第 7 条中明确规定了"脑象图人才智能测评技术要求"。

2. 脑象测评技术系统——六大技术支柱

脑象测评技术汲取了当代最新科技发明成果,具有六大坚实的技术支柱。

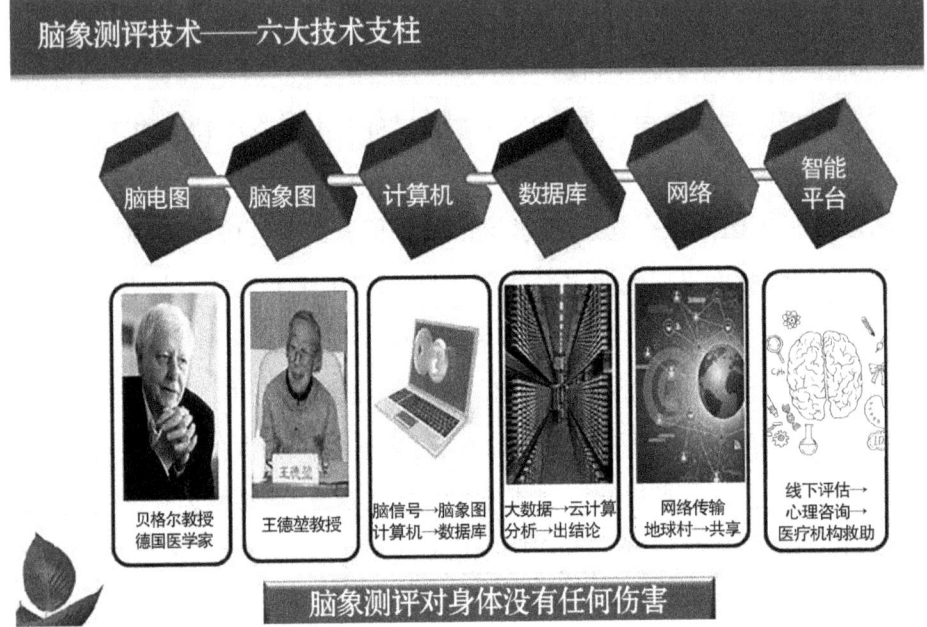

(1)脑电图技术。

德国医学家汉斯·贝格尔教授发明的脑电图,已有一百多年的应用历史,世界医学界已将脑电图技术作为诊断脑部疾病的重要技术手段之一。

(2)脑象测评技术。

我国著名脑电图专家王德堃教授长期从事脑电图研究,发明的脑象测评于 1993 年获国家发明专利。目前我国已经开展了数十万人次的脑象测评,并已取得了良好的社会效果。

(3)计算机技术。

利用计算机的计算绘图功能,将采集到的脑电信号按照王德堃教授的数学模型转换后传到数据库,不但具有科学依据,计算也更准确。

(4)数据库云计算。

利用计算机的数据库功能,通过数据库大型云计算分析结果,建立脑象测评专用数据库(包括常模脑象数据库和专家系统数据库),形成测评报告书。

(5)网络。

现代网络的快速发展,使得报告的传递和接收更加方便快捷。脑象测评技术也充分利用网络,形成资料与判图共享、即时测评即时出结果的智能化运用。

(6)智能平台。

通过建立智能化平台,对线下不同人群进行智能评估、心理咨询和诊疗救助,实现开发保健和康复脑智的目的。

※ 重要提示：

——脑象测评与心电图相似,都是将人体产生的生物电信号记录成图。脑电和心电测量都已在临床医学中广泛应用。由于两种测量只是在人体表面接收信号,并不向人体内注入任何信号,因此是一种十分安全的无损检测技术。

——专家队伍的组成,往往都需要长期大量的实践经验积累。因此,脑象测评的资深专家也都是经过长期实践积累的行业中的佼佼者,以期借助计算机网络技术之便,让每一位脑象受测人享受到行业资深专家的测评服务。

脑象测评应用领域

脑象测评技术融合了物理学、数学、医学、生理学、哲学、教育学等诸多学科,能很好地帮助人们了解、认识大脑,解决一些和大脑相关的问题。

1. 科学应用意义

如何客观、真实、准确地测量和评价受测人的发展水平,历来是全世界该领域十分棘手的问题。

实施过程中,国内外专家学者曾编制了许多量表、问卷,有测量智商的,有测量情商的;有测量创造性的,有测量自主性的;有测量习惯的,有测量兴趣的……但所有的量表或问卷基本都是从主体对被测事物的主观反应得出的。受受测人情绪影响及知识经验所限,测评结果有时并不是被测人的真实水平,因而这类测评也就不很科学。

应用脑象测评测试大脑生物电活动状态,从分析物质的脑入手,借助大脑机能定位理论、学习风格理论、多元智能理论判识脑象测评,可以比较客观、真实、准确地测出受测人的脑功能状态,从而了解和评价其大脑的发展水平。

2. 应用领域

脑象测评技术因其独特的科学价值、科学体系,应用领域非常广泛,目前,主要在以下几个领域得到广泛应用。

(1)教育领域。

正确了解孩子,不但要了解孩子的心理因素,更要了解孩子的生理基础。大脑的生理发育是心理发展的物质基础,当孩子在某些方面有一定的脑优势时,就会产生内驱力,顺应其发展,有利于孩子智能及人格的健康成长。

在教育领域的应用,涉及孩子优势脑区的判读及兴趣教育的选择,如高中、初中、小学生学习特长,文理分科,大学生择业等。涉及教育系统的相关科研项目如"十二五"天津市教育科学规划办公室课题"在游戏中开发幼儿大脑潜能的研究"。该课题运用脑象测评结果,深入开展各类游戏在幼儿阶段促进潜能及全脑发展的研究。

脑象测评设备却可以通过孩子的脑象测评直接了解孩子的大脑发育情况,其优势十分明显。脑象测评设备可以对孩子大脑的发育情况做出三个层次的判别:一是大脑整体发育情况,二是大脑整体发育情况及左右脑分别发育情况,三是大脑整体发育情况及6个脑区分别发育情况。

(2)企事业人力资源人才选拔及特殊岗位指导。

事业的发展离不开各个岗位的出色人才,因才适用是每一个优秀管理者的渴望。2011年,国家职业经理人研究中心申请了国家基建项目:人才素质测评技术系统。这个系统就是以脑象测评为基础构建的。

科技改变世界,也创造了一个时代的理念。从认知大脑这一崭新的生理物理学视角来甄别人才,脑象测评技术与传统的人才测评技术相结合,必将促使人力资源领域产生技术性和革命性的突破。

(3)成人个性评估。

脑象测评用在成人方面,能帮助成人充分认识自我的思维模式、个性特征,能更好地发挥自己的长处,建立良好的人际关系,不断增长自己的心智,去体验绚丽多彩的世界。

王德堃教授研究某集团成败的原因,通过给其董事长做脑象测评,用科学的方法揭示了其成败的原因：右前脑明显优势，右后脑明显弱。脑科学对该脑象测评结果的解释为：右前脑优势的特征是富有冒险精神、敢于想象、敢于创新,但缺乏其他脑区的有效配合,左前脑的知识智慧、右后脑的感觉智慧较薄弱。最可怕的是,他身边的主要助手经过脑象测评,都具有与其相同类型的脑区功能特征。

所以说,一个团队的发展,必须优势互补。从而可知,认识一个人的个性,评估一个人的脑区优势,具有非常重要的意义。

(4)精神类疾病的辅助诊断。

脑象测评技术通过对图形特征和图形指标的分类判识,可以用于对抑郁症、焦虑症等心理疾病的诊断。

(5)特殊领域。

脑象测评技术目前研究的特殊领域有幼儿大脑早期功能检查,老年人大脑功能筛查,早期特殊人群的大脑功能的判定、干预,艺术特长群体脑象测评特征研究,等等,对人尽其才带来的社会价值、经济价值是不可估量的。

参考文献

[1]林崇德.发展心理学[M].北京:人民教育出版社,2008.

[2]沈德立.脑功能开发的理论与实践:全国教育科学研究"九五"规划教育部重点研究项目成果[M].北京:教育科学出版社,2001.

[3]徐宏.脑象测评技术与应用·教育应用篇[M].郑州:河南大学出版社,2018.

[4]蒋乃平.职业生涯规划[M].北京:高等教育出版社,2020.

[5]大卫·苏泽,等.教育与脑神经科学[M].方彤,黄欢,王东杰,译.上海:华东师范大学出版社,2014.

[6]理查德·戴维森,沙伦·贝格利.大脑的情绪生活[M].三喵,译.上海:格致出版社,上海人民出版社,2019.

[7]巢燕,宦平.心理健康教育读本(第三版)[M].北京:中国劳动社会保障出版社,2018.